Opening

开局

企业十二论

李文明◎著

经济管理出版社
ECONOMY & MANAGEMENT PUBLISHING HOUSE

图书在版编目（CIP）数据

开局：企业十二论/李文明著 . —北京：经济管理出版社，2021.4
ISBN 978 - 7 - 5096 - 7898 - 5

Ⅰ . ①开…　Ⅱ . ①李…　Ⅲ . ①民营企业—企业发展—案例—研究—中国　Ⅳ . ①F279. 245

中国版本图书馆 CIP 数据核字（2021）第 060001 号

组稿编辑：胡　茜
责任编辑：胡　茜　杜羽茜
责任印制：黄章平
责任校对：陈　颖

出版发行：经济管理出版社
　　　　　（北京市海淀区北蜂窝 8 号中雅大厦 A 座 11 层　100038）
网　　　址：www. E－mp. com. cn
电　　　话：（010）51915602
印　　　刷：唐山昊达印刷有限公司
经　　　销：新华书店
开　　　本：720mm×1000mm/16
印　　　张：11
字　　　数：146 千字
版　　　次：2021 年 4 月第 1 版　　2021 年 4 月第 1 次印刷
书　　　号：ISBN 978 - 7 - 5096 - 7898 - 5
定　　　价：49. 00 元

前　言

认识青岛鑫光正钢结构有限公司（以下简称"鑫光正"）的董事长孙炯光先生已经有十多个年头了，在这十多年中，地处中国青岛平度市的鑫光正从几千万元的产值做到了十亿元左右的规模，并且定下了百亿元的发展战略，这种成长不可谓不快，这种格局不可谓不大，无论是企业家的追求，还是企业发展的愿景都足以让人内心激动。可是如此一家地方实体民营企业给我印象最深刻的不是它的成长速度，而是它"想，壮志凌云；做，脚踏实地"的风格以及他们一直在努力追求的"真的企业文化"。当我第一次到这家企业调研的时候，迎风招展的 12 面旗子上所印记的 12 个论断让我记忆如初。后来我知道，这 12 面旗子上所印记的内容就是"鑫光正"的企业文化，号称"光正十二论"。

"光正十二论"的提出时间是在 2011 年，其间在 2013 年略做过一些修改，然后一直沿用至今。

我当时思考的第一个问题是：为什么要以这"十二论"作为企业发展的开局大事？孙炯光董事长用四个"为了"对此作答：为了统一员工的思想，让企业管理的工作形成一个大局；为了将员工管理工作落到实处，帮助员工做有灵魂的执行而不去做没有灵魂的执行；为了让公司的企业文化成为"真的企业文化"，并且可以实实在在地发挥它们的引领作用；为了从整体上提升员工的思想认知水平，以配合企业战略的逐步推进。孙炯光说，未来中国的发展需要大批扎根于县域的民营企业作为支撑，而一家公司要想成为可以支撑地方经济发展的大企业，最需要强化的不是资金力量，也不是资源，而是人才，是企业文化。一个有文化的企业不仅可以在区域内做强，而且还可以逐渐面向全国做大。鑫光正提出这样的企业文化是一种先行先试，如果鑫光正做成功了，就是开了一个好局，不仅可以为中国企业的发展提供一种参考，也可以为整个中国实体民营企业的进步提供一种有意义的借鉴。

目　录

绪　论

为了帮助读者们认知"光正十二论"，本部分将它们的内容介绍如下：

光正公司企业十二论

On 12 Principles of Guangzheng's Business Philosophy

1. 论信仰

光正公司要成为一家伟大的公司，核心就是我们必须有着伟大的信仰。有了信仰就有了方向，有了信仰就有了精神的力量，有了信仰我们就能成为一支威武之师、钢铁之师、胜利之师！信仰我们的核心价值观，信仰我们的价值理念！信仰就是毫不怀疑，信仰就是无限忠诚，信仰就是永不放弃。这是我们事业成功的充分条件。

1. On Belief

Guangzheng believes in "trust, loyalty, and persistency", which is regarded as the core value and basic principle of the enterprise and the sufficient condition for the enterprise's success. To be an outstanding enterprise, Guangzheng must have a great belief to guide the enterprise's future and give it spiritual power. With this great belief, Guangzheng has become a team of bravery with indomitable potential and all – time success.

2. 论梦想

光正人永远怀有伟大的梦想：成为全球现代化管理的标杆企业，成为钢结构全屋系统世界第一品牌，完成造福社会、成就员工、让客户更幸福、让企业更持久的使命。

提升素养，完善管理，兴企报国，使命必达。

2. On Dream

Guangzheng has a wonderful dream: to be a benchmark for the modern enterprise management in the world; to be top brand of steel structure whole house system in the world; to fulfill the mission of benefiting society, making staff successful, and giving clients happiness, thus being an enterprise of lasting vitality.

Guangzheng is to improve its enterprise quality, optimize its management, be loyal and contributive to the country and fulfill all its missions on the clients.

3. 论资产

光正公司有两大资产：员工和客户。

能为企业提供成果的员工是我们的第一大资产，所以我们要培养更多的资产型员工；客户是我们的第二大资产，因为客户就是我们的衣食父母，我们必须发自内心地去敬畏客户，用产品和服务让客户更幸福。

3. On Assets

Guangzheng boasts two of its assets: the staff and the clients.

The staff who can provide fruits is the most important asset so the enterprise is to cultivate more of this asset. The clients is the second most important asset on whom the enterprise rely for a living so the enterprise is to respect the clients and make the clients happier with its service and products.

4. 论价值

企业存在的意义在于为社会、客户、企业、员工、股东创造价值。因为只有价值才能进行交换，这是市场经济的规律。

　　因此我们的宗旨就是：以社会为己任，以企业为平台，以团队为核心，完善自我，共创财富。

　　4. On Value

The very existence of an enterprise is to create value for the society, clients, enterprise, staff, and shareholders, because the tradable value is the basic principle of market economy. Guangzheng's value is to perfect itself and create wealth by taking social development as its responsibility; the enterprise, a platform; and its team, the core of development.

　　5. 论诚信

诚信是我们生存的职业底线。

　　简单做人，用心做事。对员工讲诚信，对客户讲诚信。有诺必践。不乱承诺，不乱讲话，不乱传播，对自己的言行负责。

　　诚信是我们最大的资产累积。诚信是我们一笔宝贵的财富。任何践踏诚信的行为都是自掘坟墓。

　　5. On Loyalty

Guangzheng is to be an enterprise dedicating itself on its own business and staying loyal to both its clients and staff. It is to be responsible for its words and deeds and never to make random promises, talk empty talk or spread invalid information. Loyalty is the bottom line, the largest spiritual assets, and a valuable property of an enterprise's existence. Any deed goes against loyalty will lead to self – destruction.

　　6. 论智慧

在商业竞争规范的今天，我们的团队要始终保持激情、务实、感恩、跨越。在商业文明开始的今天，我们的团队要始终践行利他意识、价值意识、规范意识、信用意识、服务意识。养成良好的工作习惯、生活习惯，不断打造可依赖性。

在全球信息共享的今天，我们要形成以结果为起点的思维模式，用爱创造成果的行为模式，实现企业平台化、成果复制化、利益共享化。

这是我们的可持续发展的商业智慧。

6. On Wisdom

In the present business competitions, Xinguangzheng asks its team to stay passionate, practical, grateful and transcendent. In the present business culture, Guangzheng guides its team to have the awareness of altruism, service, value and contract. In this way, Guangzheng is to build itself an enterprise with the great habits of living and working and the quality of being dependable.

In the present day, information is shared across the world. Guangzheng is to form a result – oriented thinking mode and create achievements with love, thus establishing itself a platform to share its fruits and profits with other counterparts.

And these are the wisdom on the enterprise's business sustainable development.

7. 论耐力

企业之间竞赛的不是谁跑得速度快，而是谁做得时间久，比的是持久的耐力。我们不急于很快赚到大钱，因为市场需要培育，因为赚钱需要时间和能力的累积，因为我们不想因眼前利益而出卖未来。我们不轻易扩大规模，因为我们的实践观是：想壮志凌云，做脚踏实地。我们不去战胜对手，因为我们不把任何同行列为对手。

我们坚信"持久的发展才是真正的发展"。

7. On Persistence

The true competition among enterprises is not fast development, but lasting development or the persistence. Guangzheng never sets its eyes on the immediate profits and never sells out its future for the instant benefits because it believes that the market needs to be cultivated and its capability to make profits needs to be improved through time.

Guangzheng never rushes into expansion for it believes that being down – to – earth makes great. Guangzheng also never tries to beat any one for it never treats any counterpart as a competitor. Guangzheng holds that the lasting development is the true development.

8. 论业绩

我们相信"数字是最美的语言"。

业绩是对你能力和态度的回报。用数字说话，用事实证明！"付出才有回报"是永恒的定律。人生的财富多少，取决于你付出的多少。虽然说，选择大于努力，但是没有超过常人的辛勤付出，再好的选择也会失败。业绩背后是团队，团队背后是文化，文化背后是胸怀，胸怀背后是投资。

8. On Achievements

Guangzheng holds that "number is the most beautiful language", which means a principle of result – oriented achievement.

Achievements, speaking in numbers and real results, are the rewards for working capability and service attitude. "No pains, No gains." This is an ever – lasting truth. And the wealth is, bit by bit, created by the giving. Some may say that decision can sometimes overvalue the persistence; however, no matter how wonderful a choice is, one can never be successful without extraordinary dedication. Achievements rely on the investment and tolerance of an enterprise's business culture.

9. 论品牌

为什么光正公司可以成为百年企业，因为我们有领先的文化理念和强烈的品牌意识。

品牌是企业最宝贵的财富。我们坚定不移地进行品牌建设。光正人要永远不浮躁，永远不做伤害品牌的行为。

树品牌、走正道！

9. On Brand

The very reason that Guangzheng can be a century – old enterprise is leading cultural philosophy and strong awareness of brand – building.

Brand is the most valuable wealth of an enterprise, thus Guangzheng dedicates itself into brand – building, stays sober and calm all the time and never does anything harmful to its brand mark.

Brand building is a right way to success.

10. 论执行

"不在制度面前讲情面""不在原则面前讲关系""不争论，去执行""听话照做，一切行动听指挥""服从就是最好的执行"，是我们团队纪律的刚性要求。

我们痛恨执行中的报喜不报忧。

下级服从上级，是对职务的尊重。服从调动、服从全局、服从命令、服从批评、服从管理，不仅是军队作风，也是科学的管理理念。

10. On Execution

Guangzheng has strong execution ability: it never overweighs feelings over regulations, or relationship over principles; all the deeds are the result of the exact orders; and obeying is its best execution.

Guangzheng despises the deeds of holding back unpleasant information.

Obeying the supervisors is about morality in the workplace. Saying yes to orders, obeying the rules, learning from criticisms and looking at the larger picture is not only the true style among military troops but also in the scientific management of an enterprise.

11. 论学习

唯有持续不断地学习才是我们最核心的竞争力。

一学做人，二学技能，三学服务，四学管理。

日学、周学、月学，这是我们不断提升的法宝。

没有直接借鉴的办法，学习是唯一的途径。

让学习成为一种信仰，把学习进行到底。

11. On Never – Stopping Learning

Xinguangzheng regards the never – stopping learning as its core competitiveness, learning how to be good, how to get techniques, how to benefit others, how to do management. Learning in each day, each week and each month has become a strong faith. It learns not only how to be a great enterprise, but also the techniques of management and service. Guangzheng has made learning an ever – lasting behavior.

12. 论管理高压线

管理高压线，是我们价值观不能容忍的行为底线。

撒谎、造假、贪污、腐败、出卖企业利益是我们的管理高压线，公司不是滋生这类行为的温床，我们这个团队也不能容忍这类行为的发生，更不允许有这类行为的人存在于企业。

12. On Management Bottom Line

The management bottom line refers to the behavioral bottom line over which an enterprise's value forbids to cross.

Guangzheng forbids the deeds of lying, forfeiting, bribery, corruption, and exchanging enterprise's benefits for personal ones. Guangzheng and its team will never tolerate any behavior of this kind or any person with these deeds.

与"光正十二论"相对应，孙炯光董事长还基于鑫光正的发展进程，提出了诸多帮助实体民营企业提升经营与管理能力的观点、理念以及"同频共振"的思维方式与众多的创新性概念，诸如"真的企业文化"、"两个转变"、"五个意识"、战略定力、战略基因、股份制改造、自裂变发展、辐毂式企业组织架构、四化运营、"战略三知"、生态链和信任链等。

在进入鑫光正调研并看到了那12面旗子以后，我当时思考的第二个问题是："光正十二论"的内容得自何处？带着这个问题我访谈了孙炯光董事长，从与他的交谈中得到了答案。

作为一个企业家必须具备强大的学习能力，而且要有实际的学习行动。为了提升自己管理企业的能力，孙炯光在10多年的时间里，每年都会抽出20%左右的时间外出学习，先后读过多个EMBA，参加了很多培训机构组织的活动，并亲自到一家优秀的企业实习了一年。EMBA是高级工商管理硕士的简称，它与学术型研究生不同，主要注重企业实践能力的培养，兼顾企业管理经验和知识的分享，同时还可以在此类班级同学中整合到一定的可以促进企业发展的信息资源或者关系资源。

只是外出学习，却不能带回有用的知识和智慧，不能与自己的员工进行分享，这种学习就不是真正的学习，而是一种交际，是一种走马观花的形式主义，不会对于企业的发展发挥重要作用。作为一个有追求的企业家，孙炯光当然不会做这种既浪费时间又浪费金钱的事情。在这些年的学习过程中，孙炯光为企业带回了有价值的内容，其集中表现就是"光正十二论"。"光正十二论"是孙炯光在外出学习过程中批判地吸收以及广泛地借鉴，然后消化、吸收、整合、融合、改造、再创造诸多企业的企业文化管理精华与管理企业的各类经验以后，所选取的符合鑫光正企业特点，切合鑫光正发展实际，可以从整体上提升鑫光正实力的内容，然后对其进行精深加工以后得到的结果。此外，在"光正十二论"提出以后，孙炯光又带领全体员工在实践中对之进行检验，并不断地对其进行修正和完善，最终形成了今天的这个版本，并展现出了今天这样的内容。

在"光正十二论"的积极引导下，用心感悟并且努力践行的员工都在快速成长，大批的人才以及内部创业人员开始涌现，企业管理的效率大幅度提升，员工们的思想认识开始高度统一，企业的战略发展目标不断地得以实现。正是见证了"光正十二论"实实在在地激励员工、推动企业快速发展的作用，才坚定了我要把它写成一本书，并努力向各个行业企业家以及企业管理精英们进行推荐的想法。

为了用最真实的例子说明"光正十二论"的有效性和高效性，以下我们选择了多位员工代表（排名以访谈顺序为准，不涉及职务、工龄、成就水平等其他内容）进行了面对面的交流。他们有的已经成长为鑫光正的总经理，有的负责各种类型的事业部，有的成立了子公司并出任主要领导，还有的在公司平台化支持系统下肩负多个职能部门的任务，并且仍在继续成长。

在此我们先介绍一下这些员工的基本情况，他们多数都是"80后"，是伴随着公司一路发展而成长起来的人才代表，充满了活力，在后文的分解评析中我们再介绍他们对"光正十二论"的理解与应用。借助他们的描述，可以让我们更加直观和客观地感受到"光正十二论"带给企业员工个人发展和事业进步的强大助力。

首先我们要介绍的是出生于1988年的展飞，这个名字本身就带着一点展翅飞翔的美好愿望。事实上，人如其名，这位在鑫光正已经工作了10年的青年人才自2010年2月进入企业做施工员起，就开始了他在公司的飞翔之路。2013年11月，展飞从工程公司调离，自己挑头做业务，跑市场，任业务经理；2016年9月，组建青岛鑫光正华洋建设工程有限公司，展飞任总经理，并且拥有30%的股份。华洋建设工程公司是鑫光正在内部推行自裂变发展模式成立的第一批子公司，截至2020年底，像这样通过自裂变发展成立的子公司在鑫光正已经达到了 17 家。根据鑫光正成就员工的战略发展理念，自裂变发展是一个可以无限循环的模式，也就是由集团先行裂变出一批子公司，然后再由子公司去裂变子公司下属子公司，如此一直下去，直至无穷。

展飞给人的第一感觉是行动力比较强，对于"光正十二论"理解得非常深刻，不仅可以随时全文背诵，而且深谙"在理解中应用，在应用中理解"的道理。在他的带领下，华洋建设工程公司虽然成立不到 4 年，但是已经取得了良好的发展成绩，并且裂变出了自己的子公司，即青岛鑫光正龙腾工程建设有限公司，这就相当于为鑫光正裂变出了第一批子公司下属子公司。此外，华洋建设工程公司还有一个事业部正走在向子公司下属子公司努力成长的路上。

因为在后面要介绍的员工当中，还有几位与自裂变发展相关，所以我们在此先对鑫光正的这种独特发展模式稍作介绍，以方便读者认知。

事实上自裂变发展模式是鑫光正内部的一种股份制度改造，只不过这种改造不是普通意义上的股权设置，而是一种在企业文化和价值理念引导下的价值创造与价值分配，它的源起首先是"鑫正光"成就员工的企业文化，主要内容包括：

（1）人人都是价值创造者；要充分释放每一个真正人才的价值。

（2）企业实施精英化管理，追求人岗匹配的目标，坚持价值导向，努力促成人人都是股东、人人都是创业者的发展局面。

（3）充分利用好股权激励：从人人创造利润到人人创造价值，打造全员和企业的竞争力；实现人人都有价值和长期收益的最大匹配。

在这种文化的引领下，对于企业全体员工鑫光正有一个内部创业和利益共享的系统化安排，具体内容包括：

（1）在公司工作时间达到一定年限且具备独当一面能力的员工，可以在企业内部创业，鑫光正会为这样的员工提供资金、资源、人才和管理方面的支持。以这种方式成立的公司，鑫光正占比 70% 的股权，员工占比 30% 的股权。

根据员工的实际能力以及企业发展的需要，这种股权占比结构还可以更多向员工倾斜。

（2）对于初始创业的员工，鑫光正会给予他们一个尝试期，这时其创业团队以事业部的形式先行开展工作，公司除了提供创业所需要的一切条件以外，还为这些员工提供薪资、福利方面的保障。

（3）对于以事业部形式存在的创业团队，如果其创业成功，则直接转变为子公司，其创业团队成员持有子公司的股份，持股比例向子公司人员倾斜，经营收益绝大部分由创业团队自行分配。如果创业失败，则继续回总公司工作，再次寻找创业的机会。

（4）创业成功的子公司，可以采取以上模式继续裂变自己的下属公司。无论是子公司还是子公司下属子公司，鑫光正都同样给予创业支持，并且允许他们自主经营、自主决定如何分享收益。

（5）对于没有参与创业的管理者，可以在鑫光正总公司层面获得股份，并根据其为事业部、子公司提供的服务业绩获得其绩效收益。

关于自裂变发展，鑫光正设计了一个行动纲领与要求，即财务规范、文化同频、团队具有竞争力，然后不断地形成子公司、子公司下属子公司等可复制、自裂变的系统。如果用最为通俗的语言描述自裂变发展，那就是总公司作为平台支撑，不断地孵化子公司；子公司作为下一级平台，不断地孵化下属公司；下属公司再向下孵化公司；"总公司—子公司—子公司下属子公司"，如此无穷尽也。关于这方面的详细内容可参见孙炯光董事长著述的《破局：实体民营企业管理理念与模式创新》一书。

基于以上所述可知，展飞所创立的华洋建设工程公司就是鑫光正的子公司，他的团队成员创立的龙腾工程建设有限公司就是鑫光正的子公司下属子公司，如果龙腾工程建设有限公司的创业团队经营得很成功，还可以继续再向下裂变它的子公司。这种模式在零售、餐饮和服务行业中有很多例子，如海底捞、百果园等，但是在实体制造行业中还不多见。

我们要介绍的第二位员工是一位女性高管，同时她也是鑫光正自裂变发展出来的子公司总经理之一，她叫卢杰，用她自己的话说，这是一个比较中性的名字。出生于1984年的卢杰于2009年加入了鑫光正这个大家庭，至今已经在企业工作了11年。刚进入鑫正光时，卢杰是在国际业务部做业务员。2014年，公司成立了一个事业部，卢杰任负责人。按照自裂变发展的模式设计，这个发展得很快、很成功的事业部于2016年转为子公司即青岛鑫光正卓达钢结构有限公司，卢杰任总经理，并且占有30%的股份。如今，在青岛鑫光正卓达钢结构有限公司之下又发展出一个事业部，并在努力成长为独立的子公司下属子公司。

我们要介绍的第三位员工是出生于1982年的李秀涛，他于2004年进入鑫光正工作。最开始李秀涛主要从事技术设计方面的工作，后期转为国际业务。其工作经历包括：2004年在技术部做图纸细化；2006年在工程二部做设计、细化和预算工作；2007年又回到技术部，主要负责钢结构一厂的技术设计；2008年进入国际业务部，负责设计和报价；2012年在国际业务部任经理；2016年借助企业自裂变发展的平台，组建了青岛鑫光正环球建设工程有限公司，并任总经理，占有30%的股份。

由李秀涛在鑫光正的成长经历可知："光正十二论"是适用于企业全体员工的，自裂变发展的模式不会受从事专业的限制。在"光正十二论"的激励下，在鑫光正所建构的发展平台上，做市场的员工可以独立组建子公司，做生产的员工可以成立事业部并慢慢将之转化为独立公司，做研发、做管理以及做技术的员工都可以通过公司平台进行自裂变发展，并成立由自己负责的子公司或子公司下属子公司。

我们要介绍的第四位员工赵志刚虽然不是这些人中年龄最大的，但却是工龄最长和资格最老的，对企业也是最有感情的。他入职的时间是2003年，至今已经在鑫光正工作了 17 年，可以说，他的个人成长历史几乎与鑫光正的长足发展同步，他的个人进步在佐证着鑫光正的日益成熟。赵志刚现在是鑫光正股份公司的副总经理，是核心高管团队成员，之前他做过工人、班长、总部车间副主任、主任、事业部经理、部长、总经理等。他的发展过程可以充分验证一句话，那就是"猛将可以发于卒伍，也应该发于卒伍"。而这样由企业自己培养的高层管理人员，往往对企业会有更高的忠诚度。

我们要介绍的第五位员工又是一员"女将"，她叫孙云霞，1975 年出生，2008 年加入企业，工龄 12 年。刚开始，孙云霞在行政人事部做内勤工作人员，4 个月以后，出任起重机事业部部长，成长得非常快。2011 年起，孙云霞任工程项目经理，主要负责国内工程，后在自裂变发展模式的引导下成立工程三公司并出任负责人，担任这一职务至今。

我们要介绍的第六位员工是尹增竹，1975 年出生，2005 年加入企业，至今已有 15 年工龄。最初他在技术部做技术员，一直做了 7 年多。2012 年转型开始做业务，任业务经理。根据自裂变发展的程序，2016 年成立事业部，任经理；并于 2018 年成立子公司，任总经理。尹增竹组建的公司名为青岛宝通钢结构材料有限公司，他本人股份占比为 30%。

我们要介绍的第七位员工是韩守强，1972 年出生，2011 年加入企业，工龄 10 年。韩守强是一位发展得比较全面的员工，他在企业多个部门工作过，获得了丰富的工作经验，并且在这个过程中逐渐开始担当重要职务，同时他还是公司股份制改造后的首批股东，也是公司股份制改造后的首批获益者。他丰富的工作履历包括：2011 年，任涂料厂厂长；2012 年，任生产部部长；2014 年，任工程部部长；2015 年，任人力资源部部长、文化部长、董事会秘书；2018 年，任采购部部长；2020 年，任环保项目总经理。

我们要介绍的第八位员工是张明明，他于 1986 年出生，2012 年加入企业，加入企业以后主要担任细化部设计师的工作，自 2016 年起转到牧业平台发展，在自裂变发展成立的青岛鑫光正牧业有限公司担任技术总监一职。

我们要介绍的第九位员工是沈承国，他是这些员工中职务最高的一个，所担负的责任也最多，同时他也是公司股份制改造后的首批股东。1985年出生的沈承国虽然比较年轻，但很稳重。2008年工作于总裁办秘书组，2011年任采购部部长，2017年任总裁办主任，2019年开始担任鑫光正的总经理。

最后要介绍的是1987年出生的孙洪亮，算是进入公司时间比较短的一位管理人员，但其在鑫光正也已经经历了6年的"洗练"。2014年进入企业以后，历任钢结构一厂的质量主管、部长，工艺部工程师、部长等职务，自2018年开始独自管理一个事业部，于2019年在公司牧业平台下成立了牧业设备一公司并担任总经理。

我们随机选择了以上多位员工代表进行访谈和调研，通过调研获得的资料可知：他们在"光正十二论"的引导下，在鑫光正的战略发展进程中，无论每个人的起点如何，最终都借助企业的平台使自己的事业获得了巨大的成功，并且为未来更大的成功打下了坚实的基础。后文借助对于他们的访谈，我们将深挖"光正十二论"的存在价值及其对员工成长的强大引领作用，并且要把这种系统化的价值理念和管理模式推向社会，以为其他企业所借鉴，从而发挥它的更大作用。

对应"光正十二论"的12条内容，本书共设置12章，每一章解读"光正十二论"中的一条论断。其基本结构是首先由笔者针对当条内容进行提问，然后企业家基于问题作答以深度解析此条内容的产生、内涵、价值所在、论述重点等；其次由笔者对企业员工代表进行访谈，以寻找他们作为局中人对于这些论断的理解和感悟，并且挖掘他们在现实工作和生活中的应用案例；最后笔者会针对每一条内容提出自己的看法，以力争升华其理念特点，使之成为易于推广的普适性内容。

本书的特点在于以下几个方面：

（1）本书基于"光正十二论"探讨可以代表中国未来发展趋势的县域实体民营企业的企业文化和管理理念，这种企业文化和管理理念虽然具有草根性，但是却也在努力向上生长，并在不断地焕发着勃勃生机。因为本书的研究对象是接地气的，所以也让我们的研究具备扎实的基础，而不会夸夸其谈。

（2）虽然我们的研究聚焦于特定的企业和特定的内容，但是因为这些内容本身就是包罗万象、博采众长的，所以如此探讨可以为众多的民营企业或者其他类型的企业提供借鉴和参考。正是基于这个原因，我们将本书命名为《开局：企业十二论》而不是"光正十二论"，以突显它的普适性价值。

（3）本书采用的是外部审视的角度，以客观分析的态度全面评价和研究"光正十二论"，其间有个人的判断，但却没有主观主义的思想，也不会脱离企业的实际情况。笔者认为，唯有客观性才能保证真实性，唯有真实地展现事情的本来样子，才可以保证他人基于自身的判断去取舍和学习。

（4）本书主要采用访谈的方式进行研究。作为催动企业发展的内生力量，一家公司的企业文化内涵及其作用往往不是从外部"扫描"一下就能感知得到的，真正领悟、应用、可以说得清楚的必定是天天在使用它们的内部员工。如果不对身处其中的员工进行调研，而去对一家公司的企业文化进行评判，这种做法是草率的。

（5）本书虽然是基于"光正十二论"以解析鑫光正的企业文化，但它本质上却不是一部"复读机"，也不是要为这家企业歌功颂德，而是要从中梳理可以指导这一类企业甚至是更多类型企业的经验与模式，并且针对所有的论断我们都会提出自己的看法。如此做的目的除了要强化本书的普适性价值以外，还要展现我们对于企业文化认知的专业性。如果缺失了这种专业性，我们也就发现不了"光正十二论"的价值，也就没有办法对其进行解读并助其升华。

第一章

论信仰

一、论信仰的内容

"光正十二论"之"论信仰"的内容如下：

光正公司要成为一家伟大的公司，核心就是我们必须有着伟大的信仰。有了信仰就有了方向，有了信仰就有了精神的力量，有了信仰我们就能成为一支威武之师、钢铁之师、胜利之师。信仰我们的核心价值观，信仰我们的价值理念。信仰就是毫不怀疑，信仰就是无限忠诚，信仰就是永不放弃。这是我们事业成功的充分条件。

二、为什么要论信仰

看到论信仰的内容时，笔者想到的第一个问题是：伟大的公司与信仰是一种什么关系，难道一定要有信仰作为支撑才能成就伟大的公司吗？

对此，孙炯光董事长的回答是，一个伟大的公司首先要有其企业使命，它可以成为判断企业所做一切事情的标准，而这种使命就可以视为公司的信仰，它能够帮助你坚定地相信自己所做的事情，毫不动摇，如此慢慢地走下去，你的公司便可以实现伟大的目标。而如果没有这种信仰，那么企业就会成为赚钱的工具，企业家就只会逐利，如此企业也能做大，甚至做得很大，但是要变得伟大却很困难。这就好比一个人在世界上生活，活下去并不难，但是要想活得精彩，就必须有追求精彩的决心。决心越大，越有可能走得很远；而没有决心，一旦碰上困难便会选择放弃，所以根本就不可能走远。

既然是"十二论"，而且每个看上去都很重要，为什么一定要把"论信仰"放在首位？

对此，孙炯光董事长的回答是，"十二论"的排列本身不是无意识的行为，而是有意为之的结果。人或者企业做事情，其内在的逻辑都是思想决定行为，行为决定结果。在"十二论"中，论信仰的目的就是要统一员工的思想，让员工在统一的思想认知下工作，这样就可以使员工与企业达成高度的"同频共振"。一旦员工与企业在行为上"同频共振"，就可以形成强大的合力去努力追求我们想要的结果，而这个结果一定是我们希望出现的最好结果。此外，思想认知如果上升到一定的高度，它就可以变成理念、信念，直至信仰。信仰是最坚定的思想认识，其中内含着情怀，是轻易不会改变的。把企业的理念变成信仰以后，员工会把它们刻入骨子里，融入血液中，如此会潜移默化地影响员工的行为，会积极地引导他们认真地工作和快乐地生活。

如果思想不统一，企业没有使命感，无法形成自己的信仰，那么员工的工作效率就会低下，管理人员的思想就会涣散，当企业内部出现矛盾时就有可能找不到分辨是非对错的标准，企业的发展就会陷入乱局，更何谈伟大。

在现实的企业管理过程中，不可能没有冲突，比如员工与员工之间会有冲突，员工与客户之间会有冲突，企业与员工之间也可能会有冲突。一旦发生冲突，到底是员工优先，客户优先，还是企业优先，这些都是问题。但是有了信仰以后，首先发生这些冲突的概率会大大降低，其次化解冲突的思想已经在那里，所以很快便能将之平息。

当然，信仰的主要作用不是用来解决矛盾和冲突的，它的更大作用是给予员工和企业前进的方向。人若没有了方向就如同无头的苍蝇一样会乱飞乱撞，就不可能做成任何事情。而有了信仰就不同了，它会给予员工和企业精神的力量，这种精神的力量是保证个人和企业积极追求成功的强大支撑，没有了这样的支撑，就打造不出强大的员工队伍，也就创造不出伟大的公司。

信仰什么？信仰企业的核心价值观念，信仰企业的使命，如此就可以凝心聚气，形成统一的气场，从而可以打造出伟大的企业。

三、把信仰变成员工的内在动力

如果一家公司希望其信仰能够发挥强大的精神引领作用，就必须将之实实在在地内化为员工的认知和感悟，从而成为其努力工作和积极进取的强大动力。下面我们就看一下鑫光正的员工们是如何感悟"论信仰"的，以及他们是如何把信仰的力量带入工作中的。

我们访谈的第一位员工是展飞，他认为一个成功的企业首先要有自己的信仰，这是保证企业在精神层面能够成功的基石。他说：我们光正人在不断探索的过程中依靠的就是我们的信仰，强大的精神信仰可以帮我们在日常的工作生活中不断地打败困难，不断地取得胜利。我们充分信仰我们自己的价值观和价值理念，正向的价值观和价值理念是引领我们不断成功的根本。在子公司的运转过程中，我们往往会遇到很多的问题，不管是工程项目问题，还是日常管理过程中的问题，我们都会及时进行分析，都能够充分利用我们所信仰的正向的价值观和价值理念来解决它们，久而久之，我们认为在信仰面前，所有的困难都会变得无比渺小。威武之师可能会失败，钢铁之师也可能不会成功，但是胜利之师必将永恒。所以我在做事情的时候，只要是集团提出的问题我都会毫不怀疑地第一个支持并认真执行，用永不放弃之心来努力完成在别人看来不可能完成的任务。

在这样的信仰支撑下，年轻的展飞带领他的团队打造了青岛鑫光正华洋建设工程有限公司，他们成立这家公司的初衷就是为了能够在鑫光正这个平台上做出属于自己的一番事业，并且与企业一起共同成长，共同担当社会责任。公司成立的第一年，在人员配备不完善的情况下取得了1800万元的业绩；第二年公司实现跨越式发展，业绩达到了4400万元，人员的配备也已基本完善；第三年制定的业绩目标是5000万元，基本完成；2020年的业绩目标是7500万元，并在挑战一个亿的目标。展飞认为，之所以能够取得这样的成绩，是因为整个团队都有明确的信仰，大家深信每一个人每一步的成长都离不开强有力的信仰支撑。

卢杰是一位女中豪杰，是参加自裂变发展的主要女性高管之一，她认为，相信和信任是基础，只有相信，才愿意信任；只有信任，才能成为内心的主观渴望，并愿意长时间坚守和用实际行动去践行。对卢杰来说，进入公司10年，"论信仰"的内容早已深入其内心，并且不断内化于行动中。她说，论信仰让我明确了方向，让我知道要做什么，如何去做，做到什么程度；让我非常相信信仰的力量，也让我在遇到挫折和困难的时候，内心始终有强烈的信仰支撑和一股力量，告诉我永不放弃。"有了信仰就有了方向"，只有方向明确，脚步才会稳健踏实。我们有坚定的信仰并且深信不疑，所以在实际工作中，我们在处理岗位上发生的所有问题时都会有一个明确的指导方针，因此就不会出现手忙脚乱的情况。

卢杰的团队中有一名成员叫苏洲，他就很好地展现了在信仰支撑下个人勇于担当的行为。在阿尔及利亚项目国外施工的过程中，由于现场因素多变，经常需要对既定计划进行变更，这就需要施工人员及时做出决定。在公司领导和业务经理都不在施工现场的情况下，现场施工人员的意见会在很大程度上影响判断，而苏洲作为施工员敢于担当责任，能够如实描述现场状况并积极反馈给公司，同时又能站在甲方的立场上中肯地提出建议。这样做并不能为他带来更多的收益，相反会承担更多的风险，可正是因为有坚定的信仰，有强烈的精神力量支撑，所以他这样做了，而且一直在这样做，从而为持续的续单及长期合作奠定了坚实的基础。在像苏洲这样的团队成员的共同努力下，近几年，青岛鑫光正卓达钢结构有限公司也就是卢杰创立的子公司在阿尔及利亚这一个市场上所获得的客户订单金额已达 5000 万元之多。这就是有信仰的员工所展现的力量。

李秀涛是鑫光正的子公司青岛鑫光正环球建设工程有限公司的负责人，他认为，鑫光正的信仰是具有灵魂的文化信仰，是一切工作行为的标准、行动的指引和精神的寄托。在这个平台上，你不用担心失去目标和方向，企业战略规划和每年的重点工作就是我们最明确的目标和发展方向；在这个平台上，成就员工是一项基本文化，只要你有梦想，想要干出一番事业，平台总会给我们创造条件；在这个平台上，不用搞小圈子文化，也无须拉帮结派，这里的管理是以做好服务为前提的，管理不会采用政治手段，员工能够在这里轻松且愉快地工作；在这个平台上有很多超过 10 年的老员工，他们或身兼要职，或工作在重要岗位上，他们一直坚守在这个平台上是因为有情怀，是因为他们对鑫光正的企业文化有信仰；在这个平台上，还有很多的夫妻档，是源于他们对企业的认可，对文化的信仰，因此才把最亲的人带到这个平台上共同发展。同时，这个平台又不失严格管理，全体员工都要围绕价值进行工作，都要追求价值最大化的目标，在这里，游手好闲的人注定要被淘汰。

关于夫妻档，也就是夫妻二人共同在鑫光正打拼的现象非常普遍。以李秀涛为例，他和他的妻子荆艳艳自 2004 年毕业至今一直工作在鑫光正这个大平台上。李秀涛从最初的技术员岗位开始，经过 16 年的努力，现在已经是青岛鑫光正环球建设工程有限公司的总经理，而荆艳艳现在也是事业部的经理。夫妻二人的这份成绩既源于他们自身的努力，更源于他们对鑫光正企业文化的信仰，是这个平台文化的力量成就了他们。像李秀涛这样的夫妻档在鑫光正还有很多，比如我们前文提到的展飞和他的妻子许萌竹，以及卢杰和她的丈夫吴现伟，再比如后面我们要提到的现任鑫光正钢结构股份公司总经理沈承国及其妻子西诺公司总经理杨洁，以及现任牧业公司技术总监张明明和其妻子环球公司事业部经理邹雪莲等。如果夫妻二人能够共同在一家企业打拼，而且还都事业有成，这就足以说明这家公司的企业文化以及管理模式足够包容、足够宽阔、足够具有吸引力。

赵志刚是我们采访的员工中在鑫光正工作时间最长的一位，现在主要负责工程公司。赵志刚认为，信仰是一种精神纽带，是一个企业成员团结奋进的精神基础和精神动力，是心灵产物的内在含义。它具有人文力量，可以为员工创造一个具有和谐的人际关系、能够充分发挥各自能力、实现自我价值的工作环境。通过建立共同的价值观念、企业信仰，可以把员工凝聚在企业周围，使员工具有使命感和责任感，能够自觉地把智慧和力量汇聚到企业的整体目标上，把个人的行为统一于企业行为的共同方向上，从而凝结成推动企业发展的巨大动力。心信其可行，则移山填海之难，终有成功之日。

赵志刚自 2003 年入职，到 2020 年一共经历了公司 17 年的发展历程，伴随着公司的信仰，他个人也一直在进步。他所带领的工程公司是一个很有战斗力的大家庭，也正是因为全体员工有着共同的信仰和方向，才能逐步发挥出强大的技术能力和现场施工管理能力。2020年，工程公司考取二建建造师的人员多达18人，员工们的价值在不断放大，他们坚信朝着共同的方向努力，自然会成为一支真正的威武之师、钢铁之师、胜利之师。

孙云霞是另一位女性高管，她认为，每个企业都想健康高效地发展，而这种发展也是一个不断探索与调整的过程。企业在发展中，需要用制度管人，但又不能单纯依靠制度管人，单纯依靠制度只能管理出一群没有感情的机器人。而论信仰就不同了，首先信仰是一种精神上的认同，其次信仰中还包含着一份情怀，它可以激发人们内心的信念，有了这样的信念以后，就会对于企业的决策和执行做到从不动摇、从不妥协、从不怀疑。入职12年以来，孙云霞深切感受到了"光正二十论"对于企业发展的内生促进作用，她认为员工信仰企业的核心价值观念、信仰企业的使命，如此就可以凝心聚气，形成统一的气场，从而打造出伟大的公司。

孙云霞是2008年入职鑫光正的，是孙炯光董事长亲自面试的她，当时面试的场景让她至今记忆犹新，她说，孙总作为企业的董事长，对我以往的从业经历以及个人职业感受详细地进行了询问，并且问我如果给我一个项目是否能做好，我很肯定地回答说能。因为我对自己是自信的，我相信万事皆从心出发，内心要做好时就必定会做好，而这也许就是信仰的力量。因为结婚生子的缘故，我已经休息了三年，与整个社会脱节，是孙炯光董事长给了我一个重新踏入社会的机会，这也是我人生的重要转折点，让我有幸成为光正人。从那天起，我就对公司心怀感恩，并且非常珍惜这次难得的机会，我认为只有努力做到最好，才是对公司最好的回报。12年弹指一挥间，我从没怀疑过公司的理念、价值观，这种信仰已深入骨血，一直指导着我的行为方式。感谢公司多年的包容与培养，我会继续努力，为鑫光正的繁荣富强添砖加瓦。

虽然"论信仰"是"光正十二论"之首，但是要正确地理解"论信仰"的精神内核还需要把握整个"十二论"的价值，对此，尹增竹认为，"光正十二论"是鑫光正企业文化的重要内容，要想正确地认识它们，首先要对其产生的过程有认知，并从整体上认识其必要性，然后再从每一论上深入理解其含义，最后才是融会、体悟"十二论"并在实践中加以运用。

尹增竹说，我们国家有优秀灿烂的文化，明确了我们从哪里来，到哪里去，以及如何去的问题，来解决如何生产、生存以及可持续发展的思想、理论及方式、方法。一个企业必然也要融合国家文化形成适应当下、适合自己的文化，以指导企业生产及可持续发展，从而引领个人的进步。"光正十二论"提出了差不多十年了，自它形成之日起就在指导公司快速发展壮大，用事实证明了其存在的巨大作用和现实意义。与同时代、同起点的一些企业对比，鑫光正的发展无疑是成功的，而那些没有建立企业文化的企业和处在同一地区的同行公司们，基本上无一例外地落后了，其发展不成功的原因可能有很多，但其中最为主要的一个原因就在于它们忽视了企业文化对于企业发展的重要促进作用。可以看到，我们的企业文化也不是与生俱来的，鑫光正企业文化的产生也是孙炯光董事长通过不断地外出学习，自己探索，努力实践而来，它是一个从无到有的过程。对于我们每个人也是一样的，人要有意识地去学习，才能形成良好的世界观、价值观、人生观，用之指导生活和工作，才可以不断地获得成功。

关于论信仰，尹增竹有很多的话要说：我理解的论信仰，就是启蒙，就是明德。人有三宝：精、气、神，精神是人独有的，异于其他动物，也是人不断创造价值的源头。而有了信仰就有了方向，也就有了精神力量。有了精神力量，我们才会正确思考，才能去探求真理。信仰我们的价值观，德才兼备，克服自身的弱点和惰性，让自己强大，才能解决现实中的问题。通过学习企业用人观、道德观、领导观、信任观、人才观、创新观、实践观、成长观，让我知道了，我们并不是为了工作而工作，不是为了赚钱而赚钱。也让我明确了应当怎样去工作，从而为学习、工作和人生指明方向。经过小学到大学16年的学习，毕业后，到了社会上，却发现没有什么明确、清晰的方向，不知道干什么好，不知道怎样做事情。是信仰我们的核心价值观，为我指明了道路，并由此引导我去学习学校里没学到的文化，而这是触动灵魂的东西。信仰问题可以成为与客户交流的心灵桥梁，有益于把生意关系升华到更高层面。我与一些长期客户，比如埃塞俄比亚的Solomon先生、斯里兰卡的Thameera先生、乌拉圭的Luis先生等都曾探讨过信仰问题，相互交流，取得共识，维系了关系，成为朋友和合作伙伴。信仰就是价值观，就是价值理念，没有信仰就没有底线，我们对待自己的工作和客户也是同样的道理。只有全心全意为客户服务，服从公司管理及守住底线，才能做一名为客户着想和为公司创造价值的忠诚员工。

今年成交的美国坦帕（Tampa）机场项目需要美标材质，要求细化图纸是3D版式，这是以前他们都没有做过的。可是基于信仰的力量，技术人员克服了种种困难，历经20多天，根据客户需要进行了图纸细化；采购人员全力以赴采购美标各种型材；同时，车间人员在集体协调下，也一丝不苟地完成了焊接和拼装工作。在他们团队全体人员的配合下，这个项目得以顺利完成。他说：之所以能够实现这一目标，就是借力于百分之百为客户服务的信仰，是这种信仰支撑我们每位工作人员去完成各自的工作；正是这种信仰的力量激发了我们迎接挑战的斗志，从而经过我们不懈地努力，最终赢得了客户的认可和好评。

在与韩守强交谈时，他谈到了2015年的公司年会，在2015年的年会中设立了一个"忠诚奖"，那是当届年会中"最重"的一个奖项。这一奖项由孙炳光董事长亲自颁发，获奖人员是在公司工作10年以上的员工，总共有近百位之多。当时孙炯光董事长在颁奖时十分激动，因为这个群体基本上是当年创业时期一起奋斗的老同事，多年以来，他们和鑫光正共同经风雨、历成长、不离不弃，成为鑫光正发展的基石，他们用自己的实际行动验证着"信仰就是毫不怀疑、信仰就是无限忠诚、信仰就是永不放弃"。

现在鑫光正公司晨会的第一个环节是唱司歌，这首名为《我们走在大路上》的歌曲由时任文化部长的韩守强在 2015 年组织人员创作而成。这首司歌慷慨激昂，充满了正能量，唱出了光正人对于核心价值观和价值理念的自信与毫不怀疑，对于光正公司的无限忠诚以及对于信仰的执着追求。整个编写团队共 17 人，大家带着无比的热情，发扬集体智慧，用心选曲、填词、润韵、音像合成，按照节点，按时推进，于 2015 年 9 月 30 日完成了定稿，并将"光正十二论"以及公司的愿景、使命、价值观等贯穿在其中。司歌曲调顺畅，大气磅礴，自 2015 年 10 月 1 日起在公司开始传唱，成为公司举行大型活动的开篇曲目，并代表鑫光正参加了政府组织的活动演出，成为光正人一张亮丽的名片。

张明明认为，每一个相应的个体都有无比坚强的信仰，信仰是一个人的精神支柱。作为一名光正人，我们同样怀有伟大而不可磨灭的信仰，是它在给我们提供前行的力量。

沈承国认为，在光正公司思想文化体系中，"论信仰"阐述的是企业一切经营活动的基础和前提，是企业经营的魂。他说：信仰能引领全员思维意识的高度统一，高度统一的思维意识又会形成一致的行为准则，形成全员认同的是非观，逐渐形成员工与企业高度趋同的价值观，它可以帮助企业在最关键的时刻永远做出正确的决定。

孙洪亮在没有进入鑫光正的时候就在思考信仰是什么？他以为，信仰是一个人最高的操守，是一个人面对困难时永不言弃的精神支柱。而进入鑫光正以后，他个人感觉被公司的核心价值观"震撼"了，"无限忠诚，永不放弃"成为了他的精神支柱，在工作中成为了他时刻鞭策自己的动力。他说：有了信仰，我们一定会成为一支威武之师、钢铁之师、胜利之师。

在信仰的引领下，他和他的团队一直在努力，以下是他们所取得的部分成就：①2018年，助力中铁项目（中铁桥梁、中铁拱梁、中铁电梯井等）合作；②2019年，助力中科院无人机项目合作；③协助开发新领域如猪舍承建牧原项目，借此陆续展开与新希望六和的猪场设备合作，并于2019年底拿下战略合作订单，为2020年全面深入畜牧养猪产业打下了稳固的基础；④2020年，正式进入畜牧养猪模块，技术团队建设从1名技术员扩大到10名，生产团队建设从30名专业技工发展到260名以上，生产产值以同比往年6倍的业绩增长，赢得更多市场机会，其间也促成了与正邦、新希望、双胞胎等国内优质企业的合作。他说：作为青岛鑫光正牧业有限公司的一分子，我们正带着梦想与全体员工共同推动青岛鑫光正牧业有限公司的发展，我们希望她可以成长为全球智慧养殖一体化建设的领航者，以让养殖更轻松，让生活更美好，而这就是我们共同的信仰。

四、理解与感悟

在与鑫光正的员工谈论信仰时，可以看得出他（她）们的眼神是坚定的，眼光中透着真诚与执着，这让人很震惊。事实上，于当今社会之中，很多做企业的人是没有信仰的，甚至有更多的人对于信仰不屑一顾，觉得谈信仰是一种很幼稚的事情。可是，鑫光正的员工不这样看，他（她）们认为鑫光正之所以作为一个立足于县城当中的企业而能发展到如今的规模，就是因为有信仰的缘故，而且也正是因为个人对于公司的信仰始终坚信不疑，才让他（她）们都取得了进步和成功。

有学者经过长期的跟踪研究发现，那些对于信仰不屑一顾，认为论信仰就是在空谈的人绝大多数都没有成功，他们的企业也没有变得伟大甚至都没有坚持得很久。那些没有信仰的企业，那些眼里只有当下利益的公司，都没有走得很远，也没有做得很大很强，借用这个结论可以反向证明一件事情，即：论信仰的人不是在空谈，有信仰的企业就一定比没有信仰的企业可以发展得更好、更持久。特斯拉的 CEO 马斯克就是一个有信仰的人，他的信仰就是他的目标，他的目标不只是让全世界跑满无人驾驶的电动汽车，还包括把人类送上火星居住。很多人说他是一个疯子，可就是这个疯子做成了很多别人想都不敢想的事情，并且成为世界富豪榜上前三名的人物，他说：人一定要有目标，有目标就一定能够实现。哪怕还没有想好如何实现的途径，就已经有一种全然相信的力量。什么是全然相信的力量，那就是信仰，信仰科技，信仰人的潜力，信仰你自己一定能行的执着。

很多企业一开始的时候就是为了赚钱而成立，这也无可厚非，但是当这家企业做大了以后，还只是为了赚钱而赚钱，那么就不应该了。当企业做大了以后，必须要回馈社会，这就是一种情怀；当企业做大了以后，必须让自己的员工更富有，这就是一种责任；当企业做大了以后还要多方面地考虑供应商、客户、股东、环境、合作伙伴、社区和社会的诉求，还要引领大家一起为创造美好的生活和美好的世界而共同努力，这就是一种信仰。当然，如果一家企业在规模还很小的时候就能够胸怀天下，感念苍生，乐于为社会的进步贡献一份力量，那么这样的企业就一定能够做得很大，走得很远，并将赢得更多的好名声。

一个企业家有没有信仰，不在于他的企业是大还是小，而要看他的三观是不是正确，有没有家国情怀和社会责任。如果一家小面馆能够做到童叟无欺、货真价实、真心为顾客着想，那么我们也可以说这个小面馆的老板是一个有情怀的人，他也有着自己的信仰和追求，他也有立足于这个社会的存在价值。

最后总结一句话，每个人都要有信仰，有信仰的人比较容易成功，并且有机会接近伟大。

第二章

论梦想

一、论梦想的内容

"光正十二论"之"论梦想"的内容如下：

光正人永远怀有伟大的梦想：成为全球现代化管理的标杆企业，成为世界第一的钢结构公司（打造钢结构全屋系统世界第一品牌），完成造福社会、成就员工、让客户更幸福、让企业更持久的使命。

提升素养，完善管理，兴企报国，使命必达。

二、论梦想的内在逻辑

有一句话是这样说的："一个人至少拥有一个梦想，有一个理由去坚强，心若没有栖息的地方，到哪里都是在流浪。"这话说得很好，富含哲理，可以用于指导人生。人生应该是一个多彩的过程，充满了乐趣，充满了未知，充满了挑战，充满了无限的可能。在这个无限可能的世界里，每个人都要有梦想，有了梦想就有了努力的方向。

除了个人要有梦想，经营企业也应该有梦想，如果你问企业人的梦想是什么，可能会有上百种答案，而孙炯光董事长认为，企业人的梦想就是公司的企业愿景和公司的企业使命。

在鑫光正的企业文化手册中，对于企业愿景是这样描述的：成为全球现代化管理的标杆企业，成为世界第一的钢结构公司（打造钢结构全屋系统世界第一品牌）；对于企业使命是这样描述的：造福社会、成就员工、让客户更幸福、让企业更持久。

把鑫光正的企业使命和企业愿景合并到一起，就是我们现在看到的"光正十二论"之"论梦想"的内容，它已经成为光正人发展的指路明灯。

在很多时候，我们通常不知道应该如何谈论一家企业的梦想，因为无论你如何去描述它，都会让人有空洞的感觉，可是像鑫光正这样把梦想定位为自己企业愿景和企业使命的做法，就把梦想从空中拉回到了地面，读之虽然让人感觉远大，却无半点浮夸之意。这其中内在的逻辑可以分为四个层次：

第一个层次：一个公司的企业文化通常要回答四个问题，即企业要往哪个方向走、希望走多远、跟谁一起走、如何走。前两个问题的答案通常就由企业使命和企业愿景完成。

第二个层次：一个公司如果有了清晰的企业使命和企业愿景，就找准了自己的定位和发展方向，接下来的发展之路就有了根本大法可以遵循，就不会犯大的错误。

第三个层次：梦想不是空想，它在某种意义上是理想，而理想要发挥的作用就是为个人和企业指明前进的方向。在这一点上，梦想与企业使命和企业愿景是高度契合的，而如果能够将它们合而为一，则更加完美。

第四个层次：企业使命和企业愿景一经提出，就会被清楚的战略目标、多维度的目标体系、与之相适应的组织架构、明确的战略重点和阶段划分、各类型的资源整合、具体的战略推进措施以及各种保障所跟随。也就是说，企业使命和企业愿景自被提出以后，就走在了逐渐实施的路上。而如果一家公司的企业使命、企业愿景与企业梦想是合体的，那么也就意味着这家公司的梦想走在了实现的路上。

能够实现的梦想你还会说它是空想吗？

经上分析，我们认为把企业发展的梦想设置为自己企业使命和企业愿景是一种有意义的尝试，是一个聪明之举，它可以成为一个企业发展的内在逻辑导引，值得各方学习。

三、为什么会有这样的梦想

如前所述，企业使命要界定的是企业的经营哲学，它的核心要义在于描述一家公司希望成为什么样的企业，它要往哪个方向走，它的发展边界在哪里；企业愿景要界定的是企业的长远发展目标，也就是要说明一家公司希望在既定的方向上走多远，可以把发展的边界开拓到多宽的领域。往哪个方向走再加上希望走多远的描述，就是一家公司的战略发展意图和发展梦想，所以说企业使命和企业愿景是高级的战略形态，它们共同决定着企业的命运。

看到"光正十二论"之论梦想这一条时，笔者已然知道他们这样设计的用意所在，却对其内容本身十分好奇，因为笔者知道之所以会提出这样的梦想内容，尤其是提出这样的愿景，一定是与其所从事的行业以及公司在所处行业中的定位和对未来的布局相关。而孙炯光董事长的回答验证了笔者的想法。

孙炯光认为，所有的优秀企业都是能够做到以现代化手段进行管理的实体，如果要成为钢结构行业中的标杆企业，鑫光正就必须要全面借助现代化的管理理念与管理方法，从而大幅度地提升鑫光正的管理水平和管理效率。在2011年鑫光正提出这样的一个梦想时，公司的管理还是相对比较粗放的，工作效率也没有那么高，管理人员的觉悟与水平都还差着一个层次。在这种情况下，提出这样一个梦想对于鑫光正来说是一个自我加压的过程，是为企业追求高层次的发展寻找精神动力。无论是个人的进步，还是企业的前行都是需要目标的，"成为全球现代化管理的标杆企业，成为世界第一的钢结构公司（打造钢结构全屋系统世界第一品牌）"就是鑫光正的目标。可能有的人会认为这样一个目标设计对于一个区域性的民营企业而言会有点高不可及，可是经过十年的不懈努力，鑫光正已经用实际行动拉近了与这个目标的距离，并在慢慢地向着这个目标迈近。这同时也说明，鑫光正当年提出如此梦想绝对没有错。

提出一个目标容易，但是要实现这个目标却没那么容易，关于这一点，鑫光正上下都有着比较清楚的认知。所以，自从提出这样一个梦想以后，公司全体人员就开始寻找对标企业，比如选择同属青岛地区的海尔、海信，以及不在青岛地区但是同属于一个行业的众多知名企业和国外先进制造业的佼佼者作为对象，对它们进行参观走访，并且系统化地进行学习。在这个过程中，鑫光正没有把自己视为一个建筑企业，而是将自己视为一个工业企业，并且一直在按照工业化的思维管理企业，努力抛开传统钢结构企业的限制，不断地加强精细化管理和创新管理。无论是总公司，还是下属子公司都不再走总承包再分包这样的行业发展老路，而是努力为客户提供系统化的解决方案。其具体运营思路是以钢结构为主线，围绕八个体系，即钢结构系统、工程管理系统、温度控制系统、环境控制系统、新能源系统、设备系统、信息化系统、优化匹配系统，为客户提供助力，以满足他们的最终需求，从而解决诸如不衔接、不匹配、不兼容、重复投入等问题。借助高度集成、高度标准化的工艺，在满足客户当下需求的基础上，努力超越其当下需要，并与其未来的需求对接，以为可以长期合作的客户预留和创设更大的发展空间和平台。

四、员工的梦想与行动

与很多人没有信仰一样，现代社会中也有很多人不相信梦想，这非常可惜，因为没有梦想的人你无法与他谈梦想，结果就是他也实现不了什么梦想。可喜的是，鑫光正的员工们是相信梦想的，正是在梦想的感召下让他们真真切切地理解了公司的企业使命和企业愿景，找到了实现自己价值、助力企业发展、让客户更幸福的路径。下面就分别看一下我们采访的几位员工在这个方面的认知，以及他们的行动表现。

其中，展飞认为，梦想与信仰是相互融通和彼此促进的关系，有了强大的信仰支撑，我们才能够拥有自己的梦想，才可能找到实现梦想的路径。对此，他满怀激情地说，我们的理念就是要么不做，要做就要做到第一。或许我可能永远都做不到第一，但是我必须要努力成为第一，或者一直走在争创第一的路上。在任何方面，只要做了，我们就要做成标杆。我们要不断提升自身素养，完善我们的管理模式，将我们的企业做大做强，以承担起社会责任，为社会和国家做出我们的贡献。只有这样，我们才能在造福社会、成就员工、让客户更幸福、让企业更持久方面有所建树。在鑫光正的这些年，因为年轻，所以心中就有着很多的梦想。在经营鑫光正华洋建设工程公司的过程中，我们始终秉承论梦想的理念，每年都会制定符合自己情况的目标，而我们的目标就是能够成为公司的第一名，并成为其他子公司的标杆。可能有人认为我们是"出头鸟"，爱出风头。但我不这么认为，我们有自己的人生理想，有自己的梦想。我们第一次成为标杆，成为第一，可能会让人觉得是偶然，但是如果我们无数次地成为标杆，成为第一，那么我们就是第一。作为子公司我们还在创业初期，还要经历生存期，所以还不能说造福社会，但当我们能够连续完成自己设定的梦想时，我相信我们肯定会为社会贡献一份力量甚至是一份不小的力量。

在与卢杰交谈时，关于梦想她引用了当下很流行的一句话，"梦想是要有的，万一实现了呢"。她认为这句话的意思是，一个人只有敢想，才有督促自己不断前进的动力，才有发展和跨越的空间。这正如鑫光正企业文化所提倡的："想，壮士凌云；做，脚踏实地。"

卢杰说，公司提供了一个广阔的平台践行"造福社会、成就员工、让客户更幸福"的使命，这是我们公司和其他公司不一样的地方。在这个平台上，只要你有梦想，只要你敢想，你就可以尽情地发挥，而且付出了就一定会有收获。

一家企业如果有自己的梦想和追求，就不仅能够成就员工，而且还可以"让客户更幸福"。卢杰曾经遇到过一个真实案例，她认为这就反映出了不同的企业对待客户的不同态度，而她们作为光正人只愿意做那个帮助客户和"让客户更幸福"的人。她回忆道，澳大利亚客户Peter跟其他公司签订了合同，在收到货进行安装的时候，他发现缺少构件并有安装上的疑问，但是无论如何联系这家供应商，都没有得到任何的答复。因为都是青岛地区的供应商，所以Peter委托卢杰打电话询问，卢杰出于帮忙的考虑就主动联系了那家供应商，得到的答复是：货发走了、钱收齐了就和他们没有关系了。卢杰说，听到这些话，她觉得很无语，虽然当时客户因为预算的关系没有和她签订合同，但卢杰还是愿意去帮助客户询问，尽力帮客户解决问题和麻烦。卢杰认为，身处合作关系中的一方却是那样思考问题，他们是真不明白只有"让客户更幸福，企业才能更持久"的道理。由此也可以看出，他们只是为了赚钱，而没有梦想啊。可是这样的赚钱思维和赚钱方式又能帮助他们走多远呢？

李秀涛认为梦想是一种追求，是对某样事物的渴望。他说，梦想具有自驱动力，它可以驱使我们不断地前进，直到目标的达成。梦想可以是小梦想，也可以是大梦想；它可以是短期的，也可以是长期的。比如中国梦是为了实现中华民族伟大复兴的长期梦想；光正梦是为了造福社会、成就员工、让客户幸福，从而实现让企业持久发展的长期梦想。而我们制定的年度目标、资格考试和某种技能的学习，都属于短期的梦想。我们的人生就是一个不断建立梦想和实现梦想的过程，这样的人生才更具有活力和创造力。鑫光正这个平台就为员工提供了实现梦想的机会，在这个平台上，已有许多员工成为创业者，创立了像前面提到的各个子公司如华洋、卓达、西诺、环球公司等，以及前面没提到的其他子公司如鸿信达、海兴、百斯特、腾飞等，它们都是在这个平台上成长起来的创业型公司，创建者都与企业成为了合伙人。实践证明，在这个平台，只要敢想、敢拼，就可以获得圆梦的机会。

在公司打拼多年的赵志刚认为，驱动鑫光正不断进取的动力正是光正人所怀有的伟大梦想，是梦想赋予了企业力量、激情、能量、勇气和韧劲。赵志刚说，我们有着共同的信仰，才能不断壮大我们的公司，"一年之计，莫如树谷；十年之计，莫如树木；终身之计，莫如树人"，树人以梦想，则使人前途无量。

现在负责工程公司的赵志刚最初内心的梦想就是通过自己的努力，跟随公司一步步提升。他说，从一个车间操作工到现在的高级管理人员，每个岗位我都严格要求自己做到最好，以实现自己的价值。工程公司在运行中，正是因为以企业愿景为使命、以企业文化为引领，所以每年都会完成公司的年度目标并挑战更高的目标。工程公司在现场施工管控中，始终以客户满意为中心，以打造客户满意度为目标，2020年一年工程公司就收到了锦旗19面、感谢信16封，这些足以说明付出终将会有回报。谈及更进一步的梦想，赵志刚说，工程公司在今后的发展中首先要以技术力量为核心，要与企业"同频共振"，助力公司成为现代化管理的标杆企业，成为世界第一的钢结构公司，而这就是最长远的梦想。

孙云霞认为，有了梦想就要勇敢地去追、去实现，过程再艰难也都是一种难得的体验。她记得入职鑫光正刚刚 4 个月，就被安排负责起重机项目部，作为一个新入职的员工，就担任了部门负责人，这其实是一种挑战。而她也深知肩上担子的重量，更明白这是公司对她的信任，所以她感觉必须要做好，必须要将起重机项目部做大做强，这就是她当时的梦想，一个很真实的理想。

据孙云霞回忆，当初，公司起重机资质只有 C 级，只能做 10T 以下的电动单梁起重机项目，品种单一导致合同额小、订货数量少。面对这种局面，孙云霞迎难而上，毫无退缩之意。前期在孙炯光董事长的亲自指导下，孙云霞带领员工认真分析市场，以服务老客户为切入点来拓展市场。刚起步时，他们将起重机老客户信息一点点梳理出来，先是电话交流使用情况，随后直接登门拜访，无论是否在质保期内，都会帮助客户重新免费检修一次。全部回访检修历时两个多月，风里来雨里去，行程达到 2000 多公里，如此终于赢得了老客户们的一致认可与好评，也为后来的市场打下了基础。靠着对梦想与目标的坚持，3 个人的项目部，在 2009 年 11 月，即项目部成立一年左右的时间将起重机年销售量从原来的 5 台做到了 50 余台，占据了平度市场的半壁江山。孙云霞说，这个结果给我莫大的鼓舞与动力，它也是我后来勇往直前的基石，有了这样的经历让我学会了遇到困难从不妥协、从不后退。而且我深知，只要有梦想，只要肯努力，事事都能做成功。

尹增竹理解的梦想就是目标，就是止于至善，就是通过努力让社会、客户、员工、企业都能够得到发展。尹增竹说，有了目标，就会志向坚定，遇事镇定自若，思虑周全，知道什么该先做，什么该后做。有了目标，才会由被动到主动地去学习和工作，从自由散漫到自觉地去完善自我。

正是因为怀揣梦想，而且能够不断地努力，尹增竹从技术员转变为国际业务员，而后成立了事业部，组建了子公司，通过不断地完善自己，从而一步步地成长为企业的核心人员，认真实践着成就员工、让客户更幸福的企业使命。尹增竹说，我们的伟大的梦想是成为全球现代化管理的标杆企业，成为钢结构全屋系统世界第一品牌。假以时日，当我们立足钢结构领域的科学技术制高点时，我们就会实现梦想。

说到梦想与目标的引导力量，尹增竹举了两个例子：第一个例子是部门国际业务经理王建平，原来是工地施工员，通过团队目标引导，在其个人的努力下，现在已经成长为业务工程师，能够自己做设计、做预算、谈国际业务，大大提升了个人价值；第二个例子是部门国际业务经理于春鸽，在最初到公司的一年多时间里，于春鸽曾经找不到方向，业绩不好，一度还萌生过离开公司的念头，通过团队目标引导，经过3年的学习提升和历练，现在已经成长为业绩达千万元的项目经理。尹增竹说，这样的例子太多了，我们做企业的人不会坐而论道，而是喜欢实实在在地去做。有用的事情去做，有用的思想要用，虚伪的理念不会去想，无用功也不会去做。有人或许说我们在空谈梦想，而我们想说，如果你没有梦想，必将一事无成。

曾经担任董事会秘书的韩守强认为，鑫光正在新三板挂牌成功就是公司阶段性梦想的实现，也正是有了梦想的力量，才能使鑫光正一个县域公司实现了在新三板成功挂牌的目标。

韩守强回忆了这个阶段性梦想实现的过程：2015年3月，公司与北京的券商、审计、律师三方签订协议，三方机构迅速进驻公司，全面展开挂牌推进工作，并确定了挂牌日程；2015年4月，公司进行章程修订和首轮增资，部分骨干员工增持了股份，同月向工商行政部门提交了股份制改造申请；2015年7月17日，召开了青岛鑫光正钢结构股份有限公司创立大会暨第一次股东大会；2015 年 8 月 18 日，公司收到了青岛市工商行政管理局颁发的新的股份公司营业执照，鑫光正完成了从有限公司到股份有限公司的跨越；2015 年 8 月 31 日，公司收到了全国中小企业股份转让系统的受理通知书，公司又按照股转公司要求，进行了持续规范和复审资料提报；2015 年 11 月 19 日，公司获批全国中小企业股份转让系统同意挂牌函；2015 年 12 月 18 日，青岛鑫光正钢结构股份有限公司正式挂牌新三板；2016 年 1 月 13 日，孙炯光董事长到北京参加了庆祝挂牌的敲钟仪式。从此，公司翻开了崭新的一页，青岛鑫光正钢结构有限公司跨入挂牌企业行列，股票简称鑫光正，股票代码为 834422。

张明明认为，梦想无论大小都是每个人美好的奋斗目标，如果没有了梦想人就会失去一往无前的动力。张明明说，在 2018 年以前，鑫光正没有肉鸡笼养产品，而原有的老式平养设备不能满足市场大批量的养殖需求，为了满足市场需要、提升公司产品竞争力，我们组织人员开始共同研究笼养设备。刚开始的时候，由于没有技术参数，所以只能一点点摸索。可是因为有此梦想，所以我们艰难前行。为了做成笼具，我们到处学习，到处请教，反复讨论，反复推敲，反复修改，反复设计。功夫不负有心人，我们最终制成了光正公司独有的笼具设计方案和笼具产品。经由此事让我们更加深信一个道理：万事开头难，一切靠努力，只要坚持去追逐自己的梦想，那么梦想就会实现。

沈承国说，小时候他有一个梦想，那就是长大以后当一名科学家，去探索宇宙和生命的奥秘，可是随着时间的推移，这个梦想并没有实现。2008 年进入鑫光正以后，他首先学习的是公司的企业文化，记得那是第一版的"十二论"，其中有一句"完成让中国的传统产业领先世界的使命"，满满的民族情怀重燃了他的梦想。后来的第二版"十二论"刻画了更清晰的梦想，"成为全球现代化管理的标杆企业，成为世界第一的钢结构公司"。也正是因为有梦想，沈承国在工作的 13 年里见证了鑫光正以坚定的步伐稳健成长，从一个小公司成长为具有十几个分（子）公司的大企业，成长为一家具有多个海外机构、产品输出至 80 多个国家和地区的公司。沈承国说，以"成为世界第一的钢结构公司"为企业愿景，以"造福社会、成就员工、让客户更幸福、让企业更持久"为企业使命，以"提升素养、完善管理、兴企报国"为通道，这个梦想足以支撑鑫光正成为一家伟大的企业，而每一位有梦想的员工也都会在这个平台上实现自己最大化的价值。

孙洪亮认为，梦想就如一座灯塔，它指引着在茫茫人生大海中航行的生命之舟。而鑫光正就如灯塔一般，在造福社会、成就员工、让客户温暖的航道上为员工们指引方向。孙洪亮说，心有大爱必能走得久远，在全体光正人的努力下，公司必能成为全球现代化企业的标杆，成为钢结构全屋系统第一品牌，对此我们都坚信不疑。

五、理解与感悟

每一个人都应该有梦想，有了梦想就有了前行的目标而不至于迷茫，而没有梦想的人则有可能会感觉到空虚和无助，从而失去工作的精神动力和对生活的无限向往。美好的生活需要向往，也需要努力，可是当你对生活不再向往时，剩下的可能就是绝望和失望。

梦想与空想不同，梦想是一种理想，它需要落地也可以落地，而空想则不然，它更多的是你醒着的时候做的一个梦而已。

区分梦想和空想，要看它其中的逻辑。空想浮于空中很难形成自己的逻辑；而能够落地的理想则不同，它的逻辑很清楚。

个人的梦想有内在的逻辑，企业的梦想也有内在的逻辑。鑫光正的梦想的内在逻辑很清楚，值得其他企业参考，那就是：满足客户的当下需求，他们会满意；超越其当下需求，他们会高兴；用光正人的努力帮助他们对接未来的需求，他们会很幸福，而鑫光正的企业使命之一就是让客户感觉更幸福。当客户感觉与企业的合作更幸福的时候，彼此之间就变成了长久的伙伴关系，而促成这种关系的员工们就获得了成就感，就可以基于自己所累积的客户资源自裂变子公司，就可以分享企业创造的价值和收益。成就了员工，让客户感觉更幸福，这就是实实在在地造福社会，而有了社会的广泛认可，那么鑫光正就可以走得很远，发展得很稳健，从而慢慢地成为一个伟大的公司。成为伟大的公司是鑫光正永恒不变的信仰，它始终在为鑫光正的梦想注入光明。

每一个成功的企业都有其梦想存在的逻辑，每一个渴望成功的企业都应该坚定自己的梦想并为其设计符合自己特点的逻辑程序。方向对了，你只要努力奔跑就好；逻辑合理了，成功是迟早的事情；信仰坚定了，你的企业就一定会变成伟大的公司。有人说字节跳动的张一鸣在创业的时候，个子很小，公司很小，但是野心很大，而我们理解他这个野心其实就是他的梦想，有了梦想便去努力，失败了很多次也还在坚持。有时候，坚持真的可以胜利，只要你坚持的是一个真正的梦想，有着合理的逻辑和一群愿意与你共同打拼的伙伴，字节跳动和他的创始人不就是一个很好的例子吗。2020 年，字节跳动已在"2020 中国新经济企业 500 强榜单"中位列第四，可是 7 年前它还只是一个不足 50 个人的小公司，正是梦想的力量加上找准了方向与方法，使这样一个"小不点"迅速成长为"巨无霸"。

为了实现梦想，一定要动起来，作为企业决策者和各级管理人员，一定要走出办公室，走入工厂，走入市场，走到员工队伍中去，务实肯干，不断学习，尽展智慧，这样才能使梦想一步一步地变成现实。对此，特斯拉的 CEO马斯克在 2020 年 12 月 8 日召开的一个财经峰会上专门讲道，成功经营企业的人一定要少花点时间在会议上，少花点时间在 PPT 上，少花点时间在财务报表上，而要多花点时间在工厂上，多花点时间了解客户，要经常反问自己我们的产品是不是最好的，还有没有需要改进的地方，如何去改进才能让它们成为最好的产品，这些才是最重要的。

没有梦想就实现不了梦想，有了梦想不采取行动也实现不了梦想，有了梦想并且坚定去做才能够实现梦想，无论是一个小梦想，还是一个大梦想，都是这种逻辑。

第三章

论资产

一、论资产的内容

"光正十二论"之"论资产"的内容如下：

● 鑫光正公司有两大资产：员工和客户。

● 能为企业提供成果的员工是我们的第一大资产，所以我们要培养更多的资产型员工；客户是我们的第二大资产，因为客户就是我们的衣食父母，我们必须发自内心地去敬畏客户，用产品和服务让客户更幸福。

二、员工是第一大资产

鑫光正的第一资产不是传统意义上的资金、资源、资本、财富、厂房、实验室、机器设备、产品等，而是企业员工，这是一个与众不同的界定，也是契合伟大企业的认知。因为这一认知，鑫光正获得了比较大的发展，而且也正是基于这一认知所采取的相应措施，才确保了鑫光正作为一个扎根县城的实体民营企业拥有了成为百亿元级大企的底气和信心。

对此，孙炯光董事长的看法是，无论多么伟大的梦想，离开员工发自内心的认可以及其肯于为此而付出的努力，都将会是一种空谈，从而变成一个空想。由此可见，在实现企业梦想的过程中员工的作用是多么重要。

其实这个道理也很好理解，一个企业可以有梦想，但是离不开实现梦想的人。企业家无论多么优秀，都只是一个人而已，他不是神，不可能扛起全部的事务，他必须聚拢人才，打造团队，赢得员工们的支持，如此形成上下一心的局面，达成"同频共振"的效果，企业的梦想才可能变成现实。

因为把员工视为第一资产，所以在鑫光正的企业使命中，把成就员工作为企业发展的第一目标，而这一目标本身也是一种手段，成就了员工，企业自然会获得发展。

为了更好地成就员工，鑫光正除了提出前文所述的自裂变发展模式以外，还建构了一种全新的辐毂式组织架构。辐毂式组织架构的核心思想是将企业的管理理念引导为价值意识、利他意识、服务意识和规范意识几个层面，从而可以突破传统的股份制模式，化整为零，让员工做自己的企业，而后再聚零为整以形成鑫光正基于钢结构的大产业生态，既可以调动员工的积极性、主动性和创造性，又可以充分发挥企业平台化建设形成的系统性、聚合性和协同性影响，最终建构起可以长期促进企业快速发展的信任链与生态链。

在辐毂式组织架构与自裂变发展模式的双重支撑下，鑫光正已经成立了17家子公司和多家子公司下属子公司以及诸多在向子公司演进的事业部，并在这个过程中成就了大批员工，让他们既获得了收益，又做成了一份独属于自己的事业，为其未来的成长和成功铺就了一条光明之路。

为了让读者可以进一步了解辐毂式组织架构，我们针对此问题详细访谈了孙炯光董事长，以下是他关于这个方面的见解：

鑫光正当下采用的组织管理模式，就是辐毂式组织架构，它把企业经营体包括子公司、子公司下属子公司、各类事业部比作自行车的"车圈"，把内部管理者、管理模式、管理理念等比作自行车的"辐条"，把以企业家为首的高层领导团队比作自行车的"轴承"，因为"轴承"在中国古代被称为"毂"，所以这一组织架构就被称为辐毂式组织架构。其中，"车圈"部分，也就是经营体，是直接面向市场的单元，"辐条"就是内部管理人员及管理模式、管理理念，一方面要为经营体提供服务和支持，另一方面又要肩负起连接"车圈"和"轴承"的任务，而"轴承"也就是高层领导团队要发挥的决策和引导作用。

借助"辐毂"视角建构组织框架，可以帮助实体民营企业充分调动有才华的员工的创业及工作热情，企业高层团队在企业与市场互动的同时，还能够动态地与员工进行有效协同，借助多辐条的支撑可以密切公司与企业经营体人员的联系，以帮助他们更快地适应市场的变化。同时，因为多辐条支撑的缘故，企业高层团队所关注的影响要素会更加全面，经营体在接触外部市场和客户时会有更大的权限，辐毂式组织架构可以改变金字塔式或是矩阵式组织架构中高层领导高高在上，不能与多要素同动的局面，能够更好地帮助经营体参与市场竞争，使集团可以与之共同承受压力，并且共同获取发展收益。

为了配合组织变革，强化价值导向，充分发挥辐毂式组织架构的优势，孙炳光认为，在企业内部首先要做好"四化"运营，此处"四化"是指管理平台化、服务价值化、内部市场化和经营专业化。

其中，管理平台化是指总公司的组织发展定位要由利润中心变为服务中心和价值中心，要为经营体的发展提供平台和支撑，要给予他们包括资金、信息、人才和资源等在内的发展支持。借助管理平台化的变革，以实现企业的股份制改造，从而鼓励和帮助大批有志向、有能力的员工实现自裂变发展，打造大批子公司和子公司下属子公司。

服务价值化主要包括两个方面的内容：第一个方面是管理不做无用功，不做面子工程，要实实在在地为经营体提供有价值的服务，并在这个过程中实现服务者的最大化价值；第二个方面是让接受服务的经营体把服务转化为力量去实现自我发展，并为客户创造最大化的价值。最后，无论是经营体还是管理服务者都会基于共同创造的价值去分享收益。

内部市场化是指所有的经营体和创业者自主经营、自负盈亏、自我发展，集团以价值导向为其提供一切支撑，使内部资源合理流动，内部创业主体与经营体之间是市场合作关系，本着市场交易的原则进行互动；同时，集团也要以市场标准评价经营体和创业者的业绩，并以一定的比例参与他们收益的分配。

经营专业化是指所有的经营体和创业者在产品、市场和业务选择上要围绕集团制定的战略规划进行，不能超出专业范围，同时在细分市场或细分产品上要做到专业化的水平。集团鼓励小众化发展，鼓励员工在集团既定的业务范围内寻找空白点去实现突破。通过建立内部创业机制，希望可以借助小资金以撬动大项目。

管理平台化的目的是为了成就员工，服务价值化的目的是为了让客户更幸福，内部市场化的目的是为了更好地使用公司资源，经营专业化的目的是为了全面提升效率。以"四化"为导向建构的组织架构，已经在"鑫光正"内部充分展现了它的活力。[①]

三、要敬畏客户

敬畏客户不是害怕客户，不是在与客户交往的过程中没有底线，相反的，

---

① 以上关于"辐毂式组织架构"的相关内容可以参见孙炯光所著《破局：实体民营企业管理理念与模式创新》一书。

在与客户交往的过程中，企业必须坚持一定的原则。从鑫光正的角度看，除了不与不诚信的客户交往以外，最重要的一个原则就是要赢得客户的真心信任，让他们乐于为你的工作心甘情愿地送出感谢信和表扬锦旗。这是鑫光正与众不同的追求，也是对光正人的一种明确要求。通过这种要求变现的是光正人追求客户信任从而让客户感觉到幸福的成就感，而不是单纯看重企业是否与客户成交了多少业务，或者赚了客户多少钱这种初级且不可持续的发展目标。

相应地，在鑫光正的企业使命设计中，让客户更幸福被明确地写入，并且也已经潜移默化地成为员工们的行动指南。

很多企业都认为客户很重要，所以要拿下客户、拿下订单、拿下生意；鑫光正也认为客户很重要，但是却不会以利己主义的思想作为与客户交往的指导，而是会选择以利他主义的理念作为与客户交往的原则。利己过度便是自私，自私的人不会赢得支持，也不会获得信任，更有可能会失去大好的发展机会。而利他的思想却可以产生与之不同的效果，从短期看似乎你没有获得什么好处，可是从长期看你却会一直受益，当你的格局变大、眼光放远时，这种账也是很容易算清楚的。

光正人深知，续单、转介绍、口碑、关系、情感、认可这些要素才是促成企业与客户建立持久且共赢之合作关系的基础，并乐于多花一些时间等待，等待客户的信任，等待客户的需求，等待客户一直合作的渴望。如果没有对客户的敬畏之心，没有怀揣让客户更幸福的使命感，这种等待或许是一种煎熬，或者是一种机会的浪费，但是当你把让客户更幸福作为一种信仰时，它就会变成一种内生的信念，会变成一种让你自己一定要变得更好的原生动力。"用心把事情做到最好，努力就会有所回报"，可以概括这种状态。用"放长线钓大鱼"来形容也无不可，结果就是让客户更幸福的过程中，企业赢了，员工也收获了满满的成就感，企业因此可以经营得更持久。

四、员工们的感知与践行

　　为了验证以上所说的关于员工和客户分别是企业发展的第一资产和第二资产的思想，我们采访了多名鑫光正的员工，来听听和看看他们是如何认知这个道理的，又是如何把它当作一个宝贵的方法而善加使用的。

　　其中，拥有自己团队的展飞说，一直以来我都以我们能够拥有这么多好的员工、这么多好的客户而感到骄傲。我们在工作中，首先要有好的员工来支撑我们好的客户。对能够做出成果的员工，我们要充分地培养，并让他们能够在合适的岗位上进行价值释放。华洋建设工程公司在培养每一位员工的时候，都是按照资产型员工的定位来进行培养的。现在我们所有员工都能够很好地完成自己的工作，并且会主动协助其他人完成他们的工作。所以在我们的团队中，没有个人主义，只有团队思想，我们所做任何事情都是在追求团队协作，并且强调收益共享。客户因为信任我们，所以才选择我们公司，因此我们对客户必须怀有敬畏之心，要通过好的产品和好的服务为客户创造更多的价值。在这么多年的发展过程中，在对待客户方面我们一直都能够以诚相待，将他们视为衣食父母，真正做到让客户满意。而如此真诚的付出也赢得了客户的积极反馈，当客户有订单的时候，总是在第一时间联系我们。

　　卢杰说，"资产"一词经常会出现在财务报表中，诸如固定资产、流动资产、无形资产等，但是在鑫光正，公司真正的资产是员工和客户。其中，员工在各自的工作岗位上为企业创造成果，而公司从多个方面培养员工的能力，如此企业和员工之间相互促进，不断完善彼此，可以同步提高双方的收益。

虽然大多数企业都会围绕类似"以客户满意为中心""顾客就是上帝"之类的标语来表达服务客户的态度和理念，但是喊口号很容易，喊出来的话和做出来的事却未必一致，而我们在对待客户方面是要求言行一致的。我们的思想是"发自内心地敬畏客户"，敬畏，就是要尊重，就是要认真谨慎地去面对。态度上要敬畏客户，行动上再发自内心，如此就可以做到知行合一了，这表现为既有认真面对和用心对待的态度，又有敬重和服务好客户的实际行动。

卢杰说，时时刻刻以客户为中心，发自内心地敬畏客户，用高品质的服务去对待客户的作法，这就是我们的资产型员工。

他还举了一个例子："客户是我们的衣食父母，在工作中，我一直这样认为，能为客户做到十分，坚决不会去做八分。因为客户最初选择我们，就是对公司、对我的认可，在项目的后续操作中，绝对不能让客户感到失望。"这些话出自卓达公司业务经理尚佳佳，现实中她也是这么践行的。新西兰客户Rhys是她来鑫光正的第一个客户，这个客户的项目订单金额不是很大，但是审核却比较严格，要求比较复杂和烦琐，其中2015年的马场和料仓项目，光图纸就修改了不下50次。让尚佳佳印象比较深刻的是，有一次周末，她答应了母亲上午回家，在公司调整完图纸发给客户后就出发了，可是结果走到半路，客户说有个地方需要再修改一下，她二话没说接着就返回公司进行修改。类似的事情有很多。所以，后期她跟客户的沟通非常顺利，也建立了良好的合作关系。因为她的缘故，对于公司其他业务经理的新西兰项目，Rhys也给予了客户见证，并促进了其他项目的成交。

卢杰说，这就是发自内心地敬畏客户的表现，也是实实在在地以产品和服务让客户更幸福的见证。

李秀涛认为，企业资产是以价值来衡量的，所以能为企业创造价值的员工是我们的第一大资产。李秀涛说，可能有人会问，鑫光正为什么把员工定为第一大资产，而把客户定为第二大资产。我认为，员工是企业的根本，把员工定为第一大资产，就是明确要首先做好自己，把自身的价值塑造起来，从而可以更好地服务于客户，为客户创造价值，为企业创造成果。如果员工连本职工作都做不好，满足不了客户的需求，甚至利用、伤害客户，纵使把客户定为第一大资产，也只是表面功夫而已，没有什么现实意义。客户是我们的第二大资产，因为有了客户企业才得以生存和发展，所以说企业是为客户而生，也是为客户而活。我们必须发自内心地去敬畏客户，要从员工的德行抓起，提高其服务水平和主观利他意识，站在客户的角度思考问题，多为客户创造价值，如此才会得到客户的信赖和认可。最后，通过项目合作的形式，以及续单和转介绍，可以让客户成为我们的长期资产。

关于这个内容，李秀涛举了一个例子：在 2017 年的时候，业务经理 Candy 通过平台收到一个斐济客户的询盘，这个客户名叫 Andrew，他有钢结构教堂项目的采购需求，要来中国考察工厂。Andrew 第一站选择的是离机场较近的另外一家钢结构工厂，第二站才是鑫光正。让人没想到的是，在他看完第一家工厂后，发消息说不打算再来鑫光正进行考察了，这让我们有点措手不及。后来，Candy 通过不断地劝说，Andrew 最终还是决定来看一下。对此我们做了充分的准备，来了之后 Andrew 也没有失望，他对鑫光正的实力、规模和服务非常认可，非常感谢我们坚持让他来参观和认识我们这样的企业。参观完毕后，我们又陪他采购了他所需要的其他商品。就这样，一天的来访结束，我们认为有九成的把握客户会选择与我们合作。但是事与愿违，Andrew 选择了第一个厂家进行合作，这让我们感到有些许失望，不明其理。

Candy 并没有埋怨客户，而是继续与他保持联系，节日向他问好，圣诞节也给他邮寄了礼物。另外，对于客户所合作的这个厂家我们也是有些了解的，这并不是一个非常让人省心的工厂。果然在第二年，Andrew 发来新的项目询盘，通过几轮的沟通和报价，客户正式下单，Candy 的努力和付出终于修成了正果。在后来的交流中，Andrew 告诉 Candy，第一个订单之所以没有选择我们，是因为来工厂考察的时候就已经下单了。另外，当年那个圣诞节礼物又让他备感亲切。这让我们恍然大悟。

现在，Candy 与 Andrew 成了无话不说的朋友，分享着彼此生活中的快乐，并帮助他在中国处理一些事情，协助采购一些其他产品。Andrew 除了自己的项目以外，还介绍了其他的客户给 Candy，这使得 Candy 的年下单量也达到了千万元级别。

李秀涛说，这个案例充分地把我们的两大资产进行了完美的诠释，这也是我们为什么如此想和这样做的原因。

赵志刚认为，员工是公司的第一大资产，员工的价值释放了，职业素养提高了，才可以更好地服务客户；而客户对于公司的认可首先是源于员工及其服务，如果员工做得不好，企业说的再好客户也不会满意。赵志刚说，我一直以来都在培养有价值的员工来服务客户，我深刻理解要想服务好客户、得到客户的认可，首先需要做的就是成就那些有价值的资产型员工。

孙云霞认为，企业将员工放在首位，那是因为企业将员工视为最重要的核心资产，认为他们才是奇迹的缔造者。只有员工有前途，企业才能有前途，这是相辅相成的关系。而有些企业之所以做不大，就是因为将员工视为挣钱的机器，而没有为员工谋福利，更不会为员工规划发展前景，这样会导致员工对企业没有感情，甚至会形成对立面。孙云霞以自己为例，2009 年公司送她参加了各项培训，包括赢在执行、六星级心态等，这些培训使她开拓了眼界，放大了格局，让她不局限于眼前既得利益，而是可以真真切切地换位思考，努力为客户解决实际问题，从而形成合作共赢的模式。孙云霞说，只有长期这样做下去，才能赢得客户，扩大业务范围。

　　尹增竹认为，员工和客户不是家人却胜似家人，有了员工和客户的支持，我们才能获取报酬，并谋求个人事业的长足发展。他说，企业就是一个大家庭，虽然大多数人来自不同的地方，相互之间没有血缘关系，但我们很多人长年在一块工作，一块奋斗，同呼吸共命运，共同面对各种问题，如此久了不是亲人却胜似亲人。奋斗有成功也有失败，所以才更需要相互支持，如果彼此能用家人般的温暖相互鼓励，则成功会变得更加容易。在这里，我们是同事、是战友、是同学、是亲人。我们相互支持、包容、协助、给予、付出、收获，共同提升，全面完善。所以，我们要加倍珍惜公司这个平台，以共同创造最大化的人生价值。

　　谈及客户，尹增竹说，因为客户是我们收入的直接来源，所以他们是我们的衣食父母。既然是我们的衣食父母，我们就要像对待父母一样来敬畏他们，用我们的产品和服务让客户感觉更加幸福。客户感觉更加幸福了，他们才能真正信任我们，与我们一起共同发展。

　　关于如何发自真心地对待客户，并因此而获得客户的积极反馈，尹增竹举了一个例子：2013年3月的一个晚上，我们收到一个埃塞俄比亚客户Ahmed的询盘，之后我们第一时间就开始做方案和预算，2个小时以后就把方案和预算提供给了他，这让他感到非常惊讶，给他留下了深刻的印象。随后，他便来访，参观工厂，洽谈细节。因为是第一次来中国，而之前他对中国的认识多是从国外媒体获得的，所以对中国及中国的产品有很多怀疑之处。通过他自己的来访，以及我们热情和真诚的接待，他对中国，对我们的企业，对我们的产品都有了直观和真实的了解，从而完全改变了对我们的原有认知，并对中国和我们公司产生了更进一步的信任。因为客户还要采购家具设备，需要在10月参加广交会以后才能确定最终的方案，我们就陪同客户一起赴会，协助他们跟设备厂家谈判，并在广交会后开车带着客户考察各个工厂。在这个过程中，我们驾车 2000 多公里，历时三周，一块吃住，建立了友谊。最后，他与我们签定了厂房合同。Ahmed 在离开时，流着眼泪叫我兄弟，我们因此成为了朋友。从此之后，他使用的设备都是由我们采购的，并且在以后的多年里，他还不断地介绍更多的朋友给我们，由此成交的项目额已经过亿元，这让我们成功地开发了埃塞俄比亚市场。

时任生产部长的韩守强回忆道，在鑫光正的发展历程中，成交于 2012 年的青岛公司板房业务是公司首个单项交易过亿元的项目，这个业务的项目经理就是现任三格公司总经理的翟存仓。当年翟存仓还是青岛公司的一名国际业务经理，给人的印象是没有架子，为人实诚，肯学肯干，有信仰、有梦想，具备成为一名优秀职业经理人的胸怀和格局，而青岛公司板房业务就是翟存仓多年坚守、耐心经营的成果之一。

青岛公司板房业务始操作于 2011 年，这个项目翟存仓跟了近两年时间才结出硕果。该项目首批订单 5000 余吨，具体执行于 2012 年 8 月 28 日，顺利达成于 2012 年 12 月 8 日，发货历时 37 天，25 日次，总计发出 186 个集装箱，作业范围跨鑫光正所辖全部生产团队，其特点是工期紧、跨时长，进料、生产、发货同时交叉进行。在项目操作过程中，翟存仓带领他的小团队，背着背包，每天早早地穿梭于各个加工和发货厂区，晒得黑黑的，现场协调生产、储存、装车、拍照、发货等工作，解决了除锈、装车、产品透气、喷漆等各种问题，为项目的顺利完成提供了有力的保障。

后来，翟存仓成为公司的股东，建立了三格公司，到现在还是员工学习的优秀榜样，像翟存仓这样的人就是鑫光正着力培养的资产型员工。

张明明认为，一个企业之所以能够富甲一方、闻名全球，靠的是过硬的产品质量和高尚的员工情操，企业在为一个地区带来巨大的就业空间、为诸多国内外企业提供高附加值产品的同时，依然不能忘记造福客户和成就员工的初心，而鑫光正就是这样的企业之一。张明明说，无论我走到哪里，我都会带着骄傲和自豪的心情，因为我们的公司用实际行动表达了将员工视为第一资产的态度，以及乐于造福客户并肯于承担更多社会责任的决心。身为这样企业的一员，自然会有一种满满的成就感，也乐于在这个平台上开创自己的事业并为企业所追求的目标贡献自己的一份力量。

沈承国认为，鑫光正经营的根本就是员工和客户，一家企业如果只讲信仰和梦想而不去关注员工和客户，那就是虚假的和错误的行为，这种行为从长期看注定是没有结果的。沈承国说，能为企业提供成果的员工是我们的资产型员工，而我们将努力把更多的员工培养成资产型员工。只有员工不断地成长和发展，企业才能更好地服务客户，用超越客户预期的产品让客户更幸福。当客户和员工都满意了，企业才有可能获得长久发展的机会。

孙洪亮对此的理解很简洁，他认为鑫光正最重要的资产就是员工和客户。孙洪亮说，一家爱护员工的企业，一家重视员工培养的企业，点滴培育就会得到源源不断的回馈；客户是"衣食父母"，是企业发展的原动力，我们要发自内心地、真诚地给客户带去最好的产品体验，让他们在这里感觉到温暖，这样我们才能达成长期合作的关系，从而可以为企业积聚长足进步的力量。

五、理解与感悟

在访谈的过程中，我们时刻都在体会鑫光正对于企业资产的界定，其宝贵之处有以下三个方面：

第一，它把员工和客户界定为企业最核心的资产，这是一个很重要的认知，也是很有远见的一个行为，这种做法与世界知名企业的举措是一致的。

第二，它把员工视为企业的第一资产，并乐于为员工的成长提供全方位的支持，这就把握住了企业发展的要义，并为企业更加长远的发展积蓄了至关重要的力量。此外，把员工视为第一资产的背后还有另外一个潜台词，即不是所有的员工都是企业的资产，只有那些求上进且可以为企业创造成果和价值的员工才是公司的第一资产。这个道理其实很好理解，而员工们对此也有正确的认知。当然，员工为企业提供的成果有大有小，但是企业在培养员工的态度和方法方面却要一视同仁，要努力创造条件让所有的员工都可以提升能力。放任员工自由发展，不论员工进步与否，这不是一个有上进心的企业的态度。

第三，从表面上看，它把客户视为第二大资产，可实质上却在引导第一大资产即员工为第二大资产即客户提供最真诚的服务，这从逻辑上说明，企业对员工和客户的地位与作用采取同等重视的态度，而不是要刻意分出先后。

为什么客户是企业的第二大资产，而不是第一资产，员工们的理解也很到位：如果没有员工的努力和发自内心地敬畏客户，用产品和服务让客户更幸福，客户都不会理睬你的企业，不会与你的企业建立长久的合作关系，那还谈什么资产的事情。

一旦通过员工们的积极努力，让客户感觉到了真诚，感受到了温暖，那么局面就不一样了，他们会喜欢你的员工，信任你的企业，并乐于和你的员工交朋友，与你的企业建立长久的伙伴关系。多一个朋友多一条路，朋友多了路好走，当企业的所有员工都在这样想和这样做时，一家企业想不伟大都难。

将员工与客户视为最重要资产的道理其实很简单，可并不是所有的企业都会这样去做，这可能就是知易行难吧。幸好鑫光正做到了，所以它现在发展得很快，发展得很稳，发展得很成功，并以它的成功昭示世人：一个向着伟大目标迈进的企业，一定要重视员工，并且尊重客户，因为重视员工就是重视价值创造，尊重客户就是整合最有利于企业发展的资源，以如此格局指导企业发展则一定会让你的企业变得更好，而坚持这样做下去就会使你的企业拥有了成就伟大公司的资本。

第四章

论价值

一、论价值的内容

"光正十二论"之"论价值"的内容如下：

- 企业存在的意义在于为社会、客户、企业、员工、股东创造价值。因为只有价值才能进行交换，这是市场经济的规律。

- 因此我们的宗旨就是：以社会为己任，以企业为平台，以团队为核心，完善自我，共创财富。

二、价值意识

在鑫光正内部，有五种意识一直在被强调和使用，它们分别是价值意识、利他意识、规范意识、信用意识和服务意识。

其中，价值意识是排在第一位的，其核心思想可以概括为八个字，即

"创造价值"和"分享价值"，而这八个字也是"论价值"的核心。

当谈起价值意识时，孙炯光董事长认为，实体民营企业要想追求可持续发展的目标，成长为伟大的公司，必须在经营理念上放弃过度追求单方面利益最大化的发展态势，而应该努力将之转变为追求价值最大化的发展格局，只有通过为社会、客户、企业创造价值并与员工、股东分享价值，才能最终实现企业追求成为伟大公司的梦想。

接着孙炯光又分析道：一个不创造价值的企业本身是没有存在价值的，一个不创造价值的员工有可能会形成负价值，并对身边的人产生伤害，而这些都是不能容忍的。为了强化价值意识，鑫光正在内部梳理了三条比较明确的认知：一是充分利用好股权激励；从人人创造利润到人人创造价值，打造全员和企业的竞争力，实现人人价值和长期收益的最大匹配。二是人人都是价值创造者；充分释放人才价值；精英化管理、人岗匹配、价值导向、人人都是股东、人人都是创业者。三是人人进行奇迹创造，人人都是奇迹的创造者；人人进行美誉度打造，企业的美誉度是靠 n 件事积累起来的。

孙炯光说，自从强化了价值意识以后，他会经常反思自己："你做的这件事情从长远看有没有价值"，"你的决策是不是真正有利于造福社会、成就员工、让客户更幸福、让企业更持久"，"你的企业将要执行的战略对于社会、客户、企业、员工、股东有没有价值，会不会得到他们积极的反馈"。同时，企业也应在引导员工做事情的时候经常反问自己："你当下所做的工作是不是有价值"，"你所做的工作能否对未来产生价值"，"你是不是希望企业给予你可以实现个人价值的平台"，"在这里你是否已经找到了自己价值释放的途径"，等等。人是在反思的过程中成长的，企业也一样，如果失去了反思的能力，再伟大的公司也会衰落。

三、如何培养价值意识

培养价值意识是一个内部双向流动的工作：一个方向是企业倡导价值意识，并且真心实意地为员工建构可以实现其价值的扶持平台，让员工感觉到价值意识的存在是一种助力。另一个方向是员工也要跟进价值意识的培养，也要不断地提升自己的认识水平，为客户生产有价值的产品或者提供有价值的服务，从而帮助企业打造有价值的品牌，同时自己也可以成为分享价值的人。

关于具体做法，孙炯光董事长认为，企业首先应该成为价值分析中心和价值传导平台，企业管理者们要帮助员工分析他们的价值所在并帮助他们找到实现自己价值的途径。在这个过程中，也要注意可能存在的负价值因素。根据经验可知，做有价值的事情是一个培养正能量的过程，能量不仅可以培育，而且可以传递；而做没有价值的事情则是一个不断积累负能量的过程，一直做无用功，或者不做功，负能量会很多，还会影响其他人的价值创造。当你系统化地找到了可能产生负能量的原因以后，再从根本上系统化地将其消除，形成正能量的环境便出现了。有了传递正能量的环境，员工们创造价值和分享价值的情绪会高涨，而当他们因此受益以后，就会更加乐于去创造价值。当人人都在有意识地、积极地创造价值的时候，企业追求价值最大化的发展目标也就实现了。在这个过程中，企业必须是主动出击的一方，必须发挥主导作用，而且必须学会与员工分享利益，与客户分享价值，并要不断地拓展自己的格局，并且坚定造福社会的信念。

四、创造价值与分享价值

　　员工是价值创造的直接力量，创造价值的大小直接决定了企业价值发展目标的实现程度。在鑫光正内部，经过十几年的宣传、教育、引导，尤其是让他们充分感受到了分享价值的快乐以后，企业员工创造价值的积极性很高，对于价值意识的工作导向作用认识得很充分，下面就具体看一下我们的采访对象针对这个方面的描述。

　　其中，展飞谈道，现在我们的企业，考虑的不单单是利润，我们更多的是在完成我们的社会责任。从大的层面看我们是在为社会创造价值，细分开来看我们是在为客户创造价值，为我们的企业创造价值，为我们的每一名员工创造收益，为我们的股东创造收益。我们所遵从的市场经济规律，就是一种价值输出和价值交换的过程。只要我们把为社会创造价值作为自己的责任，把我们的企业作为创业的平台，将我们的团队作为运转的核心，不断地在团队内部和平台上完善各项能力，这样就可以共同创造我们的长久价值。

　　展飞说，为社会创造价值是一种结果，而我们更多的是比较务实地理解价值理论。基于这个理解，在这几年的工作中，我经常说，"我可以不挣钱，但是不能让跟着我的员工们挣不到钱"。员工们跟着我，其目的是解决温饱问题，是想让自己过上富足的生活，而我的价值就是帮助他们实现这样的目标。如果做不到这一点，那么我的存在就没有价值，也就谈不上带领他们创造价值。自从事业略有小成以后，现在更多地就是履行这份责任，事实上我也真正做到了，只要我的团队成员努力付出了，我就能让他们获得同等价值的回报。我经常会想，我在做有价值的事情，我的团队成员也在做有价值的工作，这样我们就是有价值的人，就能帮助鑫光正实现企业存在的意义。如果所有的光正人都能这么想，都在为社会、客户和企业创造价值，那么我们的公司就一定会慢慢变得优秀，逐渐成为一个伟大的企业。

卢杰认为，"光正十二论"之间是有着内在逻辑的，它们前后承递，共同描绘着企业发展的蓝图。其中，"企业存在的意义在于为社会、客户、企业、员工、股东创造价值"的价值意识与"造福社会、成就员工、让客户更幸福、让企业更持久"的企业使命是一致的，然后又与企业宗旨具备因果关系，"因此我们的宗旨就是：以社会为己任，以企业为平台，以团队为核心，完善自我，共创财富"。卢杰说，有了"光正十二论"作为思想指引，个体的员工组成了团队，不同的团队组成了企业，而我们作为公司和团队的一部分，一定要在公司搭建的平台之上，在团队的合作之下，实现并不断放大我们的个人价值，以让彼此之间达成相得益彰的效果。

李秀涛认为，企业与员工之间虽然从表面上看是雇佣关系，但从实际上看是价值交换的关系。企业因为员工能给其带来价值而选择他们，员工因为企业可以支付自己想要的报酬，或者能为自己提供发展的空间而选择企业。同样，客户与企业之间也是因为价值关系而进行合作的，人类世界的系统就是围绕着价值交换运行的。

价值有高低之分，通常体现在价值的创造者及其创造的成果是否具有可替代性，越是不可替代的产物其价值往往越高，回报也越大，因此我们也可以说，价值和回报是成正比的。人们只有明白了这个道理，在人生发展的道路上才能准确地定位，才能知道自己应该做什么，不应该做什么。也只有明白了这个道理，我们才不会盲目地去索取回报。李秀涛说，一个人想要变得有价值，最简单的办法就是不断提升个人价值，让自己在这个行业或岗位上成为不可替代的那一方，而这也是竞争力的一种体现。

关于这一点，李秀涛举了一个例子：我们有一个建筑商客户，自 2008 年开始就与我们建立了合作关系。在 2010 年的时候，有个项目建筑单体比较多，客户就把项目分成两部分，一部分由我们来做，另一部分尝试放在其他公司进行生产。客户这么做还有一个原因就是想看看我们的工厂是否具有可替代性，因为另外一个公司工厂的价格比我们便宜。项目生产发货后，在工地现场，我们的产品顺利完成安装。但是另外一个公司工厂的货品出现了诸多质量问题，包括：构件锈蚀，制孔错误，最终导致螺栓无法连接；构件规格尺寸太小，刚度不够，致使安装以后变形严重；构件加工尺寸精度不够，还要在现场进行切割等，这让客户很伤脑筋。后来客户跟我们讲，在与那家公司进行交流的时候，他们说什么都是好的，但是最终生产出来的产品却如此不如人意。从此以后，这个客户再也没有选择其他公司的工厂，而是一直保持着与我们的合作直到现在。这个案例十分清楚地告诉我们，不可替代的重要性以及价值存在的意义不是嘴上说说就可以的，而是要用事实说话。

赵志刚认为，价值意识及其外显形式是企业文化的核心内容，一个企业组织的建立离不开决策者对价值观念的执着，它是决策者在决定企业的性质、企业宗旨、经营方式和角色时所做出的方向性选择。此外，身处企业组织中的各层级管理者们，也要善于推动和保护这些价值观。赵志刚说，以工程公司为例，我们的核心价值观是诚信、务实、创新、共赢。以诚信的服务赢得客户的信任，以务实的作风调动员工的积极性，在员工们充分发挥了他们的创造性并创造出价值以后，我们会立即与之分享，并且要为未来筑就可持续发展之路。正是因为坚持了这些价值观，并且充分发挥了价值引领的作用，我们从 2014 年不足 9000 万元的规模，到 2020 年项目规模突破了 4.5 亿元，这种跨越就是价值、价值观和价值意识的最好体现。在我们承接的项目运行中，团队成员都能做到以为社会、客户、企业、员工、股东创造价值为核心指引，项目的整体管控在包括质量、工期、安全等方面都可以达到合同履约约定，这一方面可以保证项目正常运作，直至项目竣工验收交付给客户，另一方面又可以形成续单与转介绍的良好发展态势，能够如此做事情，是工程人价值最大化的体现。

孙云霞认为，价值可以是一种有形的表现，也可以是一种无形的体现。比如她团队中的项目经理，从前期接触客户到中间过程的谈判，再到整个施工过程的管控，一直都以客户为出发点，脚踏实地为客户解决问题。从方案设计到材料选用，既要满足规范要求，还要节约成本，这种真诚用心的服务虽然为人可见，但其背后的努力也有很多不为人知的地方。为人所见时，你可以说是价值观的作用；不为人所知时，则是价值意识在引领他们的工作。如果没有"光正十二论"的引导，如果没有公司关于"论价值"的陈述，人在工作当中找不到方向。可是有了价值观的引导，有了这种价值意识的自觉发挥作用，一切就变得不一样了，你付出了努力，然后得到了客户的一致认可，不仅完成了当下的项目，而且还可以形成转介绍与续单，并与客户建立长期的合作关系，这样既可以为企业创造收益，同时也可以实现个人的价值。

"润物细无声"的价值观和价值意识可以在企业运营、市场开拓和个人成长方面发挥作用，它们能够帮助员工成长、让客户感觉幸福、使企业经营更持久，而这正是企业发展所要追求的终极目标。

尹增竹认为，贸易的本质在于价值交换，而且这一点对于国际贸易来说同样适用，即对外用产品和服务去交换价值。尹增竹说，在当今社会各个企业百花齐放、百家争鸣的情况下，怎样才能在激烈的市场竞争中赢得客户，归根到底，是看我们能否提供更好的产品和服务，并看在这其中是否融入了真诚和情感。为了体现我们的真诚，就必须提高我们对自己的要求。为此，我们一直坚持出口产品至少要按照国标进行生产，有些甚至是要按照澳标、欧标生产。基于这个要求，我们公司从上到下共设三道质检，首先是车间自检，然后是公司市场部进行抽检，最后是部门业务人员及跟单人员进行三次抽检。通过层层把关，可以保证客户获得的到场地的产品是符合图纸要求的产品，是让客户用着放心的产品。只有客户对我们的产品认可了，对我们的人和服务认可了，我们的存在才有价值，我们的付出才有回报，客户也会因此续订及介绍朋友，而这会让我们的企业经营更长久。

关于这一点尹增竹举了两个例子：

案例一：国际业务经理金玉翠的约旦客户曾经告诉我们，我们的产品价格不是市场最低的，甚至比另外一家供应商高了大概 10%，可他们还是选择了我们，主要原因有两个：一是我们的产品质量比较可靠；二是我们的服务是最好的。正是因为有了这样的价值认可，所以该客户在 2020 年又采购了 3 个项目，合同总额超过 2000 万元，后续项目和合作也在推进中。

案例二：国际业务经理宿栩华在项目运作过程中始终坚信，只要用心为客户创造价值，多站在客户角度和立场考虑问题，为客户做好支持和服务，就可以实现价值最大化，客户就会优先考虑和我们合作。本着这样一个信念，宿栩华一直在做这样的工作，针对 2017 年已经完工的巴基斯坦车间项目，宿栩华经常与客户沟通联系，帮助客户解决一些临时出现的问题，这种有价值的投入最终赢得了回报：客户不仅自己更乐于与我们合作，还为我们转介绍了很多其他客户。

这两个案例说明，一个项目产生的价值不只在于项目本身，而是在于它可以辐射周围地区和客户，而你只要怀有一颗真诚的心，以及乐于为客户创造价值的思想，积极维护好与老客户的关系，为客户提供经济合理的方案和价格，那么他们就会帮助你开发新客户，并且愿意与你实现合作双赢的目标，从而建成企业发展的生态链并且引导企业稳健地发展。

时任生产部长的韩守强坚信，企业存在的意义就是要为社会、客户、企业、员工、股东创造价值。因为只有这样，企业才能够参与价值分享的过程并且不断地发展壮大。

韩守强回忆，在青岛公司板房业务的执行过程中，孙炯光董事长亲自参加对青岛公司板房业务各责任单位每日工作调度会议，"他经常鼓励大家要不断地挑战自己，既不能放松手头已开工的业务，又要保证青岛公司板房业务顺利进行，要求大家站在客户角度来要求自己所辖的所有工作"。

在即将装箱发货的时候，孙炯光亲自指导将每个集装箱的装载套数由客户先前要求的22套加到27套，这样集装箱的整体数量就由原计划的230个缩减为186个。这不是客户要求做的，而是企业考虑客户的利益以后主动这样做的，尽管这样做会比原计划麻烦一些，可是却为客户节省了17.6万美元的运输费用，从而帮助客户创造了价值。孙炯光说："试想一下，我们这样做客户能不高兴吗？客户高兴了以后能不喜欢我们吗？客户喜欢我们就会信任我们，让客户信任我们不是我们最大的成就吗？有了这样的成就，多一些这样的成就，我们的企业还会发展不快、做不大、走不远吗？"

创造价值和分享价值不是一句口号，它应该践行到企业经营的各方面工作中。

张明明认为，"论价值"是衡量企业与客户、企业与员工、员工与客户之间价值观是否统一的度量衡，只有价值观一致了，相互之间才能达成"同频共振"的效果，才能通过各自的发展促进彼此的进步。如果价值认知不同，价值观无法达成一致，这样的业务宁可不做。张明明说，在日常接触客户的过程中，难免会接触到无底线形式的谈判，本身出于诚意我们可以将价格放的更低，但因为价值观不统一，这样的客户始终觉得价格太高，最终会使谈判崩盘。在这个时候张明明经常跟员工讲，客户可以无底线地谈判，但是我们决不能无底线地降低价格，因为我们的产品是有成本的，是有价值底线的，你可以不要我的产品，但不能用低价值来看轻我的产品。

沈承国认为，鑫光正不是以经营利润为导向，而是一家以价值创造为导向的企业，其对社会、客户、企业、员工、股东的逻辑排序尽显企业的社会属性。以利润为导向的企业，往往会以自我为中心，在有限的范围内进行零和博弈，在经营活动中不经意间就会牺牲员工、客户、合作伙伴的利益；而以价值创造为导向的企业，是以客户满意为中心，往往能更有效地整合资源，围绕客户进行颠覆性地创新，有利于形成共享、共赢的生态系统。沈承国说，企业越是关注价值创造，越能在多方价值收获中得到反哺，鑫光正的发展就是一个很好的印证。

为此沈承国举了一个例子：在瓦努阿图设备箱项目中，项目团队在客户要求的基础上，综合当地环境对设备箱主动进行了免费加固，这个举动让其在2015年帕姆台风中成为当地唯一的避难所，挽救了周边200多名居民的生命，从而获得了当地政府发来的表扬信。这件事情不大，但是这其中所反映的道理很大，即当你主动为他人着想而不只是贪图利润时，你的企业就会离伟大更近一步。

孙洪亮认为，企业存在的意义并不单纯是为了盈利，鑫光正的追求是以社会为己任，以企业为平台，以团队为核心，完善自我，共同创富，这个追求足以说明这个道理。此外，孙洪亮说，价值最大体现之处不是你创造财富的能力，而是你的价值观和影响力；要看你能否主动地去创造价值，而不是被动地成就价值；价值的意义还体现在你有让员工舒服和幸福的意识及其行为。

五、理解与感悟

"论价值"可以从以下三个层次理解：

第一个层次是有无价值的判断，如果你没有价值就没有存在的意义。个人没有价值，企业不会收容；企业没有价值，员工不会依附；客户没有价值，企业不会与之合作。道理很简单，即先创造价值，然后基于价值与他人交换，从而可以成就彼此。如不能成就彼此，就无法有效地进行合作。

第二个层次是价值大小的判断，如果价值很小也没有存在的意义。你只是有价值，可是价值很小，或者总想着拿很小的价值去交换他人很大的价值，这不现实。或者你可以采取欺骗的方式，从而能够一时以小搏大，但久而久之一定会被人家识破，而你也会因此名誉扫地，从而没有未来可言。

第三个层次是追求价值最大化的目标，这是企业存在的最大意义。价值最大化不同于利润最大化，利润最大化是你获取得最多，可是当你最多地获取的时候，一定要不以损害他人的利益或者使他人的利益最小化为前提，而坚持这个前提去追求利益就是价值最大化的表现。你为他人提供最大化的价值超过了他人的预期，他人因此而感念你、喜欢你，愿意长期地做你的合作伙伴，然后你就可以持续性地获利并且可以持久性地发展，这样最好。

对企业来讲，员工越重视技能水平的提高，企业越重视学习能力的提升，则企业价值最大化的追求目标就越容易实现。

第五章

论诚信

一、论诚信的内容

"光正十二论"之"论诚信"的内容如下：

- 诚信是我们生存的职业底线。

- 简单做人，用心做事。对员工讲诚信，对客户讲诚信。有诺必践，不乱承诺，不乱讲话，不乱传播，对自己的言行负责。

- 诚信是我们最大的资产累积，诚信是我们一笔宝贵的财富，任何践踏诚信的行为都是自掘坟墓。

二、诚信意识与诚信逻辑

前文我们提及过，在鑫光正内部有五种意识一直在被强调和使用，它们分别是价值意识、利他意识、规范意识、信用意识和服务意识。而这里论述的关于诚信的内容其实就是信用意识的要求和表现。当然，你也可以把诚信意识拆分开，表述为诚实和信用两个方面，并把诚实作为一个前提，把信用作为一个结果，也就是说，诚实的人基本上都会讲信用，说到的事情一定会去做，做不到的事情一定不会去说。

当我们与孙炯光董事长探讨这个问题时，他将其中的逻辑分为三个层次进行理解：

（1）诚实也罢，信用也好，诚信也罢，它们在思想内涵上是相通的，在具体要求上是一致的，那就是说到做到，有诺必践。为了确保可以做到有诺必践，首先不要乱承诺，要量力而为，不要乱讲话，要对自己的言行负责。

（2）诚信是双向的，信守承诺者与被承诺者要彼此信任，相互讲信用，而不能一方有诚信意识，另一方却无诚信行为。以企业和员工的关系为例，鑫光正的企业使命之一是要成就员工，这是一个承诺，既然是承诺就必须遵守和践行。于是鑫光正提出了自裂变发展的模式，建构了辐毂式组织架构，开展了"四化"运营，建立了常态化的人才培养机制，其目的就是要成就员工，就是要兑现对员工的承诺。受益的员工也要信守他们的承诺，那就是在公司搭建的平台上认真发展自己的事业，全力维护公司的声誉和品牌，实心实意地践行公司让客户更幸福的使命。在企业与员工的互信过程中，企业应该主动作为，讲诚信在前，然后才有资格要求员工信守承诺在后，这个顺序不能乱，企业不能对员工提出一大堆要求而自己却什么都不做。同样的顺序和同样的道理也适用于对待客户，企业先要做到让客户更幸福，然后才能期待客户的信任感与忠诚度。相反，如果企业什么都还没有做就去向客户提要求，这样不仅做不成生意，还有可能吓跑他们，那将会使企业发展一事无成，止步不前。

（3）为了强化企业的诚信意识，加大企业信守承诺的力度，就要对不诚信的员工和不讲信用的客户采取零容忍的态度和措施。因为企业把诚实守信视作自己的重要价值观，所以作为企业行动承载主体的员工就必须遵守，如果员工不遵守，那么就说明他与企业是不能"同频共振"的，是不适合在企业的平台上发展的，所以他是应该被劝退的。如果客户不讲诚信，不守信用，那么这也说明他与企业不是一路人，不能与企业"同频共振"，道不同不相为谋，对于这样的客户还是尽早放弃为好。如果容忍员工或者客户的不诚信行为，这样的做法就是自毁长城，会对企业产生巨大的伤害。

三、不要把讲诚信当作一种负担

不要把诚信当作一种负担，不要把守信用当作一种会损害自己利益的行为。对此，石油大王洛克菲勒在写给儿子的信中讲过类似的话，他说："诚实不仅是一种态度、方法，也是一种策略。因为我付出了诚实，所以赢得了更多人的认可。也正是因为如此，我才得以渡过难关，继续我的快速成功之路。""谈到抵押，我想告诉你的是，当我从银行贷了大笔的钱时，我抵押出去的不仅是我的企业，还有我的诚实。我会严格遵守合约，认为契约关系神圣不可侵犯，所以我从来不拖欠债务。"

孔子在《论语》中曾经说过："人而无信，不知其可也。大车无輗，小车无軏，其何以行之哉？"这句话的意思是：人如果没有信用，不知道他怎么可以立身处事，大车如果没有安装横木的輗，小车如果没有安装横木的軏，那还怎么能够行车呢？孙炯光董事长在其著作《破局：实体民营企业管理理念与模式创新》中，把孔子所说的"人"换成了"企业"，所得出的结论就是，企业如果没有信用，不知道如何可以立身处世，失去了各方的信任，那企业还怎么能够前行呢。如果把这句话反过来理解就是，企业讲信用就好比大车安装了横木的輗，小车安装了横木的軏，这样做了就可以保证车子顺利前进。

四、讲信用是企业家义不容辞的责任

孙炯光董事长认为，一个企业能否培养诚信意识，能否建立信用体系，在其中起关键作用的那个人一定是企业家。也就是说，一家企业能否被评价为具备诚信的品质首先取决于这个企业的老板是不是讲信用。如果一个企业的老板讲信用，那么这个企业的诚信不会存在问题。相反，如果一个老板自身没有诚信意识，不具备守信用的品质，总是朝令夕改，随意承诺，说了不算，算了不说，那么这个老板率领下的企业管理人员以至全体员工也不能够培养出真正的诚信意识，正所谓上梁不正下梁歪也，企业又何谈去建立信用体系。

可是在现实生活中，有企业家把诚实守信认定为自己企业的价值观，并找书法家写下来高悬于公司大堂之上，然后让员工天天背诵。可是在行动中，这个企业家从来就不是一个守信用的人，他答应员工的事，十有八九是做不到的；他答应供应商、客户和合作伙伴的事情，多数是要打折扣的。试想一下，在这样的企业中能够培养出诚信意识吗？当员工每天看到悬于大堂之上的"诚实守信"四个醒目大字时，是不是会感觉那就是一个笑话而已？

也有企业家把"诚实守信"四个字放在心里，并践行于工作中，他要求员工之间彼此相互扶持、共同成长，自己首先就能做到关爱员工、帮助下属；他要求供应商能够及时交货，而自己的企业也从不会拖欠货款；他希望客户能够喜欢自己的企业，首先要求员工不能生产和销售哪怕只是有一点点瑕疵的产品或者提供类似的服务。试想一下，在这样的企业工作的员工或者与这家企业合作的客户和供应商们，还用考虑它的诚信问题吗？当源于企业家的诚信意识已经深入人心时，讲信用就不再只是一句口号，而是会变成一件自然而然的事情。

五、如何认知和做到诚信

判断一个企业是否讲诚信的依据不在于这家企业说了些什么，而是要看它的员工们在如何做事情。为了验证鑫光正论诚信不是一句空话，我们访谈了多位员工代表，看看他们是如何认知这个问题，以及是如何采取有效行动的。

展飞认为，在现在这个社会，企业经营最应该看重的就是诚信，而且要把这种诚信的行为做到实处。展飞说，以我们鑫光正为例，这么多年以来，鑫光正从来都不会拖欠员工工资，也从不会拖欠供应商的款项，这就是基本的诚信表现。因为所有的客户都喜欢和讲诚信的企业合作，所以我们必须要坚持自己的商业底线，绝对不可以破坏我们自己的诚信度。此外，我们在选择客户的时候也会进行诚信度调研，如果诚信度不高，我们也会慎重对待，毕竟只有和客户做到了"同频共振"，双方才能更好地合作和共同发展。在所有项目的运作过程中，我们都会严格按照承诺客户的工期、质量、安全标准进行项目施工。对客户说的、做的任何事情，我们都会负责到底。我们认为，一旦让客户感觉到我们的诚信度有问题，客户就会产生反感，就会对我们不再信任，所以这么多年中，我们都是严格按照集团公司论诚信的标准来和客户进行交流的。正因为这样，客户对我们的评价也很高，当他们有项目需要合作时也会第一时间联系我们。

展飞特别强调了一点，诚信是我们做事情的时候一直坚守的一个底线。展飞说，我对所有客户的承诺都会兑现，比如说客户总会感觉质保期就一年，或者就两年，很没有安全感。但是我会对我的客户说，只要是因为我们造成的问题，终身给予保修；如果不是我们造成的问题，我们也会第一时间帮助解决。

每一个项目我都是这么说的也是这么做的。我说到了，我也做到了，自然我们的口碑在客户那里就不会有问题，对于我们的诚信他们也绝对不会质疑，并且在与我们的合作当中感觉非常愉快。

卢杰认为，"诚信者，内诚于心，外信于人也"，简单理解就是话不在多，说到就要做到。"说到的都做到了，而且不乱讲话，这就是诚信。"这样的诚信非常宝贵，缺失了信用，企业将寸步难行，所以说"诚信是我们最大的资产累积，它是我们一笔宝贵的财富"。

关于诚信之可贵，卢杰认为关键体现在一线的员工身上，为此她举了两个例子：

案例一：如果说诚信是我们的生存底线，那么业务人员就是对外展示诚信的窗口，在面对客户或者谈判的时候，因为他们代表的是一个企业，所以更要做到言出必行，有诺必践，不能对客户乱承诺。在每一个项目成交之前，他们必须要先跟客户建立信任感，因为项目成交的基础就是诚信。卓达公司业务经理吴现伟2014年成交了乌拉圭奥迪展厅项目，前期客户来访是为了确认我们企业的真实性及企业的能力，在客户回国后的谈判中，因为时差的原因（时差11个小时），客户的白天正好是我们的黑夜，为了方便沟通交流，吴现伟克服时差困难，答应客户不论什么时候都可以和他联系。说到就要做到，每天下班之后，他先是回家吃饭，然后再回公司加班，直至晚上十一二点。如此，节省了大量的沟通时间，推动了项目的正常进展，赢得了客户的信任与好感，顺利签订了合同，而且客户还一直在续单。

案例二：针对一个新项目的设计和报价，业务经理通常会告诉客户预计完成时间，因此作为技术人员，在承接新项目的时候都需要计划好时间节点，并在承诺的时间节点内保质保量完成。答应客户的就要做到，这就是诚信。2019年9月，在毛里求斯游泳馆项目实施过程中，客户要求的是三维管桁架结构，并且提供了详细的图纸。我们根据客户的图纸进行了国标材料替换、工程量统计和图纸细化。在承接项目时，我们承诺客户当天把报价发给他们。面对56张大项目图纸，以及每一大项图纸之下的多张详图，卓达公司技术人员崔文娟没有退缩，而是认真梳理，并在下班之前完成了数量统计。在准备下班的时候，客户又发来材料明细，业务经理吴现伟发现工程量和我们统计的数据相差13吨，于是崔文娟又重新检查每一张图纸，对比每一个构件，最终发现多出的工程量对应构件没有图纸，所以出现了差异。在跟客户说明情况之后，客户又提供了原始的建筑模型让我们重新报价。经过认真地核对，我们最终在当天24点之前将报价如期发给了客户，并最终促成了该项目的顺利签订。

针对这两个案例，他们得出了非常明确的认知，即承诺的事情就要完成，这是一种做人的根本态度；而对待他人诚信，就会获得他人的尊重，这是一种有价值的投入。所以，诚信不是一种负担，而是一笔宝贵的财富。

李秀涛认为，诚信就是我们人生航道上的压舱石，无论做什么事情都要重诚信，这样在遇到风浪的时候才能破浪前行。作为企业的管理人员，我们对员工要讲诚信，要求员工做的，我们首先要做到；对员工承诺的事情，哪怕是错了也要兑现，之后可以再去改正。否则说了不做，做不到还乱说，就会被员工认为是企业的失信，久而久之，将成为企业发展的灾难。

李秀涛举了这样一个例子，多年前的一天，李秀涛在工厂里看货，看到车间的操作工人手脚非常麻利，干得相当起劲。经询问现场管理人员得知，他们干的这个产品是计件工资，干的多挣的多，所以工人干得起劲。然后管理人员又语重心长地说："有些企业，讲得好听，如果真的干得多了，员工们挣钱了，他们就会各种克扣，降低工资标准，让员工赚的钱永远控制在一个范围内。慢慢地，员工发现，反正干多干少就赚那么多，与其累死累活，不如轻轻松松地干。最后有些企业，工厂任务重，员工加班磨洋工，效率提不上去，企业就不断地招人，导致成本越来越高，问题却没有从根本上得到解决。"听了他讲的话，李秀涛觉得非常有道理，正是应了那句话——有什么样的企业，就有什么样的员工。

关于诚信的话题，李秀涛非常有感触，所以聊得也多。李秀涛说，我们是做国际项目的，客户很难通过网络对我们企业有深刻的认识，虽然我们通过宣传资料为客户进行了展示，但是看看活跃在网络上的空壳贸易公司，他们的宣传资料比我们的更加华丽，所以客户根本无法单纯用资料来判断真假。很多客户因为空壳贸易公司的不诚信而受到了伤害，从而导致他们对中国制造有了偏见，失去了信心。为了帮助客户重拾信心，我们通常会极力邀请他们来工厂参观、考察，面对面地交流，让他们看到最真实的我们，可以更加充分地了解和认识我们公司的实力与文化，尤其是要让他们感知到我们对于诚信的态度与坚守。据不完全统计，我们大概有80%的客户来访后都会下单，10%的客户是因为项目没有展开，剩下10%的客户是因为贪图便宜。在中国商场上流行着一句老话，"好货不便宜，便宜没好货"，这话虽然不能说完全对，但也有一定的道理。李秀涛经常对员工讲，面对贪图便宜的客户，我们宁愿不接受订单也不要伤害我们的品牌，一定要坚守住我们产品品质的底线。可能我们因此会暂时失去一个客户，但是因为相信品质、相信价值、相信我们并且选择了我们的客户会给我们介绍更多的其他客户，所以只要坚持住底线，守住诚信，我们不怕没有客户上门。

李秀涛说，还有一些客户，在与我们交流一段时间以后，直接向我们索取了合同和发票，准备付款，这往往让我们感到很意外。因为这些客户本身就是讲诚信的，所以他也认为他所面对的人都是讲诚信的。对于这样的客户，我们只管等着客户付款就好，然后用最好的服务回报他们，绝对不要让他们受到一丁点儿伤害，否则他们会毫不犹豫地弃你而去。在十多年的国际业务工作中，我们遇到了很多这样自己重诚信也相信我们很诚信的客户，并与他们合作了很多项目，比如南非钢结构厂房项目，这个项目额度为 80 多万美元，经过一番讨论之后客户与我们直接签订了合同，在其完成付款以后我们认真地进行了履约服务，之后他们又向我们进行了三轮续单，总价值超过 240 万美元。又比如多米尼加钢结构鸡舍项目，此项目在双方的真诚合作之下，已经完成了三轮续单。再比如澳大利亚仓库项目，同样基于双方的信任完成了三轮续单。此外，还有毛里塔尼亚水箱塔架项目、新喀里多尼亚钢结构办公楼项目等。李秀涛说，我相信这些客户之所以能放心地下单，都是以自己的价值观去认可他人的，所以我们也要对等地守住诚信的底线，这样才能与他们持久地合作下去。

赵志刚认为，鑫光正的发展历程可以证明，诚信是企业获得最大利润的基础，是一个企业的立足之本，是除法律以外的另外一种重要的行为准则。一个公司，只有坚持诚信方能在社会中占有一席之地。

在赵志刚领导的工程公司，对于客户合理的要求，通常要求员工做到100% 诚信，比如在项目实际操作中，他们会严格地根据图纸要求施工，严格地按照已经沟通好的时间节点进行履约。对于所有的项目，都要达成业主要求的质量标准，并让业主真正地放心和舒心。正是因为他们做到了以诚信对待客户，所以获得了非常多的锦旗和感谢信。除此之外，有的项目在工程刚进入收尾阶段，客户就开始办理工程款的结算手续，由此也能表现出客户对于他们工作的放心，可以反映出对于他们的履约态度与能力丝毫也不担心。

关于诚信，尹增竹认为可以从以下两个方面进行理解：

一方面，诚信是我们在立身处世、待人接物和生活实践中必须具有的实事求是的态度和信守然诺的道德品质，就是说老实话、办老实事、做老实人。诚信之诚是诚心诚意，诚信之信是说话算数和信守然诺，这都是我们必须而且应当具备的基本素质和品格。在市场经济条件下，人们只有树立起真诚守信的道德品质，才能适应社会生活的要求，并实现自己的人生价值。

另一方面，诚信是社会的道德根基，它时刻提醒着我们每个人，在社会这个大家庭里都要守诚信、讲原则，要将它视为内在的精神和价值，由它帮助人们以知行合一的态度对待各项工作。

尹增竹说，在工作中，对每个人讲诚信，我们就会获得良好的口碑；对客户讲诚信，我们就会获得更多的转介绍和更多的续单。为了赢得客户的信任，我们操作的每个项目都会做到：承诺给客户哪种材料和价格就是哪种材料和价格，即便亏本也绝对不做不守诚信的事情。所以，我们的客户对我们越来越信任，随着时间的累积，这种信任逐渐变为我们和客户之间的一种默契和纽带，这会进一步加深我们的合作关系。

张明明认为，诚信是我们生存的职业底线，而人与人之间失去信任将是很可怕的事情。张明明说，自上幼儿园起，家人和老师就开始教我们要诚实；长大了以后，才慢慢地理解什么叫以诚待人；到了鑫光正以后才知道有"论诚信"这样一种诠释，那就是简单做人、用心做事、对员工讲诚信、对客户讲诚信、有诺必践等。一个人对于诚信的认知是逐渐清晰的，而当你确实在诚信做事，或者被人以诚相待时，感觉真好。

沈承国认为，"宁舍万金，不丢诚信"，因为诚信是一个人的立身之本，是每个人的一堂必修课，而只要学会了为人做事简单、真实、透明，那么很多问题就会变简单。因为诚信而产生相互信任，因为信任而没有那么多顾虑和猜忌，因此相互敢于把后背交给对方，如此工作就会变得高效、顺畅。

孙洪亮认为，诚信是中华民族的传统美德，是全人类所认同的道德规范。同样，诚信也是一家企业生存的职业底线。鑫光正对员工诚信，对客户诚信，

"言必行，行必果，果必信"，这是吸引客户的地方，也是大家热爱这家企业的原因。孙洪亮说，诚信为企业积累了宝贵的财富，也使我们的客户源源不断。对于生产单位而言，诚信就是要在质量、成本、交货期方面给予保证，我们每天必须完成的就是客户的标准、企业的标准，注意时间节点，把控质量问题是我们每天循环不忘的根本。诚信不是说空话，实实在在地做好了这些应该做的工作，我们就是诚信的人。

六、理解和感悟

喜欢与守诚信的人交行，这是人的一种本能性反应，即便是那些不讲诚信的人，也不喜欢跟没有诚信的人合作或者交朋友，并且没有任何一个人在受到过伤害以后还会再犯第二次错误，除非他的智力或者认知出了问题。

基于以上两点可以得出一个结论，即当所有的人都喜欢诚信而讲诚信的人又不多时，这反而会给那些讲诚信的人一个机会，从而让他们可以赢得更多的好感与信任，并且因此可以做成很多事情。

有的人或许认为他人不讲诚信的时候你却讲诚信这是愚蠢的行为，可事实上讲诚信的人本身并不是傻子，他们的行为所表现出来的是一种明智之举。结果，他们赢了，他们获得了资源，他们拥有了关系，他们成功了；而且因为诚信所建立起来的资源和关系是可持续的，所以他们的成功就变成了可持久的状态。

懂得融入这种状态的人，一定会感觉很好，做人很受欢迎，做企业能交到很多合作伙伴作为朋友，很多时候只要等着客户找上门来续单就可以。客户为什么会主动上门，甚至不要报酬还在帮你介绍其他客户，其中的原因很简单，就是因为他信任你，就是因为他感觉与你合作很愉快，就是因为他从不用担心在与你的交往过程中会吃亏。反过来思考这件事情，当所有的客户与你合作一次以后，都会因为你的不诚信而远远地躲开你时，你的企业还怎么能够经营得下去？

如此看来，对于做业务、跑市场、经营企业的人来说，还有什么事情比通过讲诚信而获得他人的信任更宝贵，更有利于你的发展？

不明白这个道理的人，是为不明，从而无法可持续地成功；不善于运用这个道理的公司，是为不智，所以成不了伟大的企业。

第六章

论智慧

一、论智慧的内容

"光正十二论"之"论智慧"的内容如下：

● 在商业竞争规范的今天，我们的团队要始终保持激情、务实、感恩、跨越。在商业文明开始的今天，我们的团队要始终践行利他意识、价值意识、规范意识、信用意识、服务意识。养成良好的工作习惯、生活习惯，不断打造可依赖性。

● 在全球信息共享的今天，我们要形成以结果为起点的思维模式，用爱创造成果的行为模式，实现企业平台化、成果复制化、利益共享化。

这是我们的可持续发展的商业智慧。

二、信守商业智慧的逻辑

　　智慧既是智商加情商的合体，也是知识、经验、领悟力加行动力的产物，它不是要聪明，也不是使巧劲，而是在掌握了规律以后积极运用规律，建构了适用的逻辑以后并努力把这种逻辑坚持下去的能力和状态。

　　孙炯光董事长认为，有智慧地做企业，要坚持如下几个逻辑：

　　第一，在商业竞争规范的今天，企业要始终保持激情、务实、感恩、跨越。其中，对待激情和务实的融合，鑫光正提出了这样一个实践观，即"想，凌云壮志；做，脚踏实地"。经过多年的引导，鑫光正的员工坚定地相信：没有理想，没有梦想，企业走不远，个人也不会成功；有了理想，有了梦想，却不肯付出，不肯用心研究方法，企业做不强，个人也不会有多大的收益。既志存高远，又能踏实肯干，这样就可以把激情和务实结合起来，当员工们在努力变成既想干又会干的人时，企业为此就拥有了可以大发展的生力军，结果是企业一定会赢，而员工也会因此实现自己的最大价值。

　　第二，感恩与跨越是过去与现在的对话，而它的逻辑是指向更好的未来。感恩是对过去发生事情的一种尊重，以及对于事情中出现人物的感激，这种态度以及因此而生发的行为不只是对于过往的积极表达，同时，有了这样一种表达可以为企业或者个人赢得更多的支持以过好现在，并为未来做准备。也就是说，感恩可以生发的力量具备更强大和更持久的特点。有了这种强大而持久的力量，无论是企业还是个人都可以实现跨越，跨越现在，不断提升，从而让未来更美好。这就是感恩与跨越的逻辑，理解和掌握了这种逻辑，无论是企业、员工，还是客户、股东、供应商，都会赢。

　　第三，建构了激情、务实、感恩、跨越的企业文化以后，可以帮助员工养成良好的工作习惯和生活习惯。为此，企业要感恩员工、感恩客户、感恩股东、感恩社会，正是因为有了他们的存在和支持，企业才可以不断地进步和成长；员工、客户也要感恩企业，因为企业为他们提供了发展的机会，帮助他们塑造了更加有意义和更加有价值的工作平台与生活环境。感恩是双向的，双向的感恩可以帮助各方不断地打造可依赖性。企业依赖员工发展，员工依赖企业进步，企业依赖客户成熟，客户依赖企业成长，这就是最朴实的逻辑，也是最简单的智慧。形式无论如何变化，道理就在那里，讲道理，循规律，彼此成就，各自成长，最终各方都能得到很好的发展，这就是最管用的商业智慧，它可以保证双赢、多赢、共赢和一直赢。

第四，在全球信息共享的今天，我们要形成以结果为起点的思维模式。以结果为起点，说得直白一点就是目标导向，先定目标，然后基于目标设定方向，并在既定的方向上努力奔跑，以力争实现目标，从而达成企业和员工都想要的结果。让员工先看到结果是企业经营的智慧，通过努力让员工获得成果以后，他们会更加相信企业可以给予他们实实在在的收益，于是他们便会自发地、主动地、创造性地去工作，这是真正的管理智慧。同样地，员工们学会了以结果为起点的理念以后，自然会主动地掌握客户需求，然后开展导向性的工作，从而避免短视行为，不走弯路，不做任何会伤及客户利益的事情。如此主动地推进工作，而不是被动地开展工作，并且还可以将成果复制以供同伴们分享，这既是员工的智慧，也是企业智慧的集成。

第五，企业平台化和利益共享化是企业内部运营智慧的表现。这其中的道理很容易理解，一个人开拓出了一条路，大家都可以走，如此可以节省大量的时间和成本，节省下来的力量和时间可以再去开拓其他的路。员工们开拓的路越来越多，企业的规模就会越来越大，可实现的价值就会越来越高，从而基于前面所谈到的论价值之分享价值的设置，大河有水小河满，人人都是价值的创造者，人人也都是利益的收获者，企业的价值存量越多，参与创造价值的员工所能分配到的收益自然也就越多。不是每一位员工都乐于分享价值，而企业管理的智慧就在于让所有的员工乐于分享价值，为了实现这个目标，鑫光正设置了自己的机制，即通过公司评审制度，为员工建构支撑体系，同时以母公司为平台，让子公司聚焦，从而避免产生内部冲突，并以价值分享为引导，集合子公司的优点，形成可复制的模式，使有才华的员工能够相互促进，共同成长。

三、五种意识之间的关系

前面我们多次提及鑫光正内部强调的五种意识，即利他意识、价值意识、规范意识、信用意识和服务意识。关于这五种意识的内容、作用和关系，孙炯光董事长在其著作《破局：实体民营企业管理理念与模式创新》中有着比较深刻的论述，以下我们略作分享：

（1）只有在利他意识、价值意识、规范意识、信用意识和服务意识的共同作用下，才能建构起一家公司系统化的管理理念，才能打造出真正适用于当代企业发展的价值观体系，从而为企业与社会、员工、客户、供应商、股东、环境之间的"同频共振"和"共同发展"提供强大的精神支撑。

（2）价值意识是五种意识中最为重要的一个，它要发挥导向性的作用，而利他意识是价值意识不可缺少的强力补充。如果说价值意识是"定海神针"，那么利他意识就是一种润滑剂，它可以保证价值意识不会变成自我意识甚至是自私意识，从而确保企业能够走在正确的方向上而不会犯短视的错误。无论是价值意识还是利他意识都是企业可以实现与各个方面利益相关者"同频共振"的利器，而不是一种负担。实践证明，具备价值意识和利他意识的人都获得了成功，两种意识兼备的企业都实现了快速地成长。

（3）规范意识是企业发展的基础，它是一个企业可以稳定前行和可持续前进的必要条件，不可或缺。试想一下，一家企业如果可以做到走正道，不搞歪门邪道，不欺瞒客户，不偷税漏税，不对供应商吃拿索要，不侵占股东的利益，内部无贪腐，外部无抱怨，久之自然可以赢得社会、客户、供应商、股东以及员工的信任。以这种信任作为前提，企业就可以建立信用体系，形成信用意识，各方就可以彼此有信心，相互建立信任感，从而共同推动彼此进行更大规模和更高层次的合作与发展。

（4）服务意识是利他意识、价值意识、规范意识和信用意识的集合，也是这四种意识的外在表现。在企业内部，基于价值意识、利他意识、规范意识和信用意识的引导，就可以形成"管理就是服务，服务可以替代管理"的理念，有此理念作为保证则企业各个方面的工作都可以顺畅地开展而不会出现阻滞；在企业外部，基于价值意识、利他意识、规范意识和信用意识的引导，就可以形成"营销就是服务，服务可以替代营销"的格局，从而为企业赢得更多的声誉和更大的发展空间。

综上所述，价值无处不在且人人都在创造价值，利他无处不在且人人都可以分享彼此的收益，企业与员工规范且用心地做事情并真诚地与外界打交道，各方相关利益者给予企业以信任并期待与企业有更多的合作机会，企业对内对外皆真心实意地提供服务和帮助，如此，企业就可以建立与各方的命运共同体，使各方与企业可以共同发展和进步。

四、有智慧地思考和做事情

一家企业是否可以有智慧地做事情，是否可以基于五种意识谋发展，最终还是要取决于员工们如何想以及如何做，下面就为读者分享一下鑫光正的员工在这个方面的所思、所感与所行、所果。

展飞认为，当我们只有一个人的时候，在工作过程中往往会越干越觉得没有动力，越干越觉得没有激情。但是当我们身处团队之中时感觉就不一样了，我们的干劲往往是上升的。随着集团管理理念的不断更新，它促使我们不能用走的速度而是要跑步前进才能更好地跟上集团的发展节奏，这样我们就会获得长足的动力。有了这样的上进心，再加上五个意识的引导，我们就能更好地服务客户。

展飞说，我们鑫光正华洋公司在运转过程中是富有激情的，每当我们完成了年初既定目标以后，就会将目标继续提高，在这里，没有人会为了安逸而放下追求成功的志向。

展飞是一个直率的人，针对契约意识，他举了自己的一个例子：刚开始独立做业务第一年，展飞和公司进行了对赌，如果完不成业绩他会上交对赌金3000元，并在年会上做20个俯卧撑。那一年展飞确实没有完成任务，所以他就真的上交了3000元对赌金，并在年会上做了俯卧撑。当然，进行对赌的员工很多，而完成的人也真的拿到了对赌金。这次失利并没有让他气馁，说到就要做到，做不好就重头再做。从那之后的每一年展飞都能完成任务目标，而那一次的失利很显然给了他足够的动力和进取心。

针对利他意识，展飞很自豪地说：在鑫光正这是一种传承，董事长首先亲自做，而且每一次会议都要强调，这让我们在执行项目合作的时候，绝对不会让客户多花一分冤枉钱。我们的信念是，宁愿损失业绩，也要帮助客户进行费用的优化，从而把利他意识真正地应用到实际工作中。

卢杰认为，做每一件事或者面对每一个客户时，首先要有的应该是利他意识，而不是"我"在当前。当我们明确了站位以后，才会清楚后面工作的开展路径，才会知道要怎么去服务和面对他人，而这就是服务意识所在。当有了前两者的铺垫以后，我们就要思考如何做得更好，如何更有价值，如何以价值意识来判定质量和标准，从而提高可持续性和可依赖性，实现良性循环。在这个良性循环中，既成就了客户，也提高了我们自身的眼界、水平和能力，这就是利他与利己的完美组合。

在"以结果为起点的思维模式，用爱创造成果的行为模式，实现企业平台化，成果复制化，利益共享化"中，以结果为起点，就如同打靶，先是目标清晰，然后是分解动作，并要时刻告诉自己，为了实现结果和目标，我要这样做。如此，即便是再庞大的结果和目标，只要巧妙地进行分割，每天完成一点点，最终一定会实现和完成。

卢杰经常想起这样一个案例：Fouad 是一个阿尔及利亚客户，自 2016 年以来一直与她们保持着良好的合作关系，对公司和业务的质量与服务一直比较满意。但是，在 2017 年合作的一个项目中，订单中有 100 多套门的质量不太好，致使第一批门在使用不久后就全部损坏了。当得知这个事情之后，她的团队成员之一刘琳峰立马安排专业施工人员前往工地进行维修，并承诺客户，立即免费更换和安装所有出现质量问题的门及配件。后来在采购门的时候，她们又事先安排两个团队成员苏洲和李腾飞前往制门厂家验厂，并在发货前验货，让厂家对安装进行培训。正是她们始终践行利他意识、服务意识、价值意识和契约意识，不断打造客户的可依赖性与可信任性，最终推动了与客户之间更深入的合作。

试想一下，那些一出问题就推卸责任的商家会给你留下什么样的印象，你还会再次与他们合作吗？当然不会。所以，聪明的有智慧的商家是无论如何也不会为了一点蝇头小利而伤害客户的，他们深知勇于承担责任才会赢得更多信任的道理。事实证明，那些肯于为客户着想的商家才能真正得到客户的信赖，双方才能够建立长久的合作关系，并让双方都能够得到长足的发展。

站在经营的角度，李秀涛认为服务意识、利他意识、价值意识、规范意识和信用意识是企业赢得客户信赖的大智慧。简单来说，就是用专业的服务让客户省心，站在客户的角度思考问题和解决问题，为客户提供超越预期的服务和产品，并且说到做到，坚守承诺。

李秀涛举了这样一个案例：贸易型公司的致命弱点是没有实体工厂，拿不到工厂最低价，这是关乎他们生存的问题。那么在服务贸易型公司的时候，我们的做法就是为他们做好技术服务支持，并在保证一定盈利的情况下，为他们提供工厂最优的价格，以保证双赢。有时候，终端客户发现贸易公司没有实体，便直接找到我们下单，面对这种情况，在没有得到贸易公司同意的前提下，我们会直接拒绝终端客户。我们知道，如果我们答应了终端客户的要求，就等于伤害了贸易公司客户的利益，而伤害了贸易公司客户的利益，我们之间就不会再有未来的合作。相反，如果我们不答应终端客户的要求，或许会伤害他们，但是我们与贸易公司之间会有其他更多的合作。这其实是一种诚信，也是一种商业智慧。

李秀涛认为，从现实的角度看，企业平台化、成果复制化、利益共享化的发展模式是让企业快速、稳健发展的关键，这其中饱含智慧。借助这样的发展模式，鑫光正自成立以来已经建成了钢结构和牧业两大平台，裂变复制了17个子公司和若干个事业部，年度销售业绩翻了10多倍。李秀涛说，未来，鑫光正还要打造营业收入达到百亿级的企业，而作为子公司之一，我们一定要学习这种大智慧，从而紧跟公司的发展步伐，打造、裂变自己的子公司和事业部，最终把公司做到营业收入十亿级的规模，并为鑫光正实现百亿规模的发展贡献力量。

赵志刚认为，在鑫光正的企业管理模式中，"激情、务实、感恩、跨越"这八字就是核心。其中，激情是让员工们在工作中保持激越昂扬的状态；务实是让员工们将自己的分内工作落到实处；感恩是让员工们学会感谢别人给予的帮助；跨越的前提是学习，即希望员工们立足本职工作不断学习，只有这样才能取得跨越性的成就。此外，分享也很重要，每一个员工在逐步的提升中去整理和汇总经验，然后再将经验与别人分享，这样可以共同提升集体的战斗力。

赵志刚坦言，他负责的工程公司一直走在学智慧的路上。虽然公司全员普遍年轻化，但是个个干劲十足，在运作大企业大项目的工程中，都能够积极主动地去学习，并将适合自己的特点进行融会贯通。赵志刚说，如此学习之风气，如此互相学习之氛围，如此共同提升之意志，能够助力企业快速成长，并将再助力企业更加成功。

孙云霞认为，说一千句空话，不如做一件实事。光正人将每一个项目都作为大项目来运行，并为此配备专业的管理团队与施工队伍，始终坚持客户第一的理念，总是提前预防问题并避免其发生，从而为客户节省了成本，同时也提高了客户的满意度，而这就是利他意识与服务意识的最好体现。

2013 年，孙云霞的团队承接了青岛宏华橡胶厂密炼车间项目，该项目是公司首次承接的最高的一个框架结构，总高度共计 27.5 米，构件复杂并且施工难度大。为了保证工程质量及工期，孙云霞负责的子公司安排最好的管理人员万春明工程师负责该项目施工管理，细化工作由荆艳艳和周宏松负责，在项目部全体人员的共同努力下，700 多吨构件无一出错，并且顺利提前完工，得到了客户的高度认可。此后，在 2015 年与 2017 年，这名客户又续单了两个密炼车间，而这就是对于她们团队的高度认可。

有人说，无商不奸，这其实是一种误解，奸诈的人不可能做成大生意。而有大智慧则不同了，大智慧的体现是为他人着想，助他人成功，而当你帮助的人都成功了，你自己当然也会成功，这才是做生意和经营企业的正道。

　　尹增竹认为，"激情、务实、感恩、跨越"不仅是鑫光正的企业精神，同时也是所有人都可以遵从的做人道理。尹增竹举了一个例子，业务经理宿栩华总是能够做到以积极饱满的热情面对客户，处理好每一个项目，最大程度满足客户需求。客户与他合作感觉非常满意，所以一有机会就会与他们合作。尹增竹说，我们要始终践行利他意识、服务意识、价值意识、规范意识和信用意识，我们要养成良好的工作习惯、生活习惯，不断打造可依赖性。只有我们把客户至上的服务理念放在心中，用我们的产品和服务打动每一位客户，为客户设身处地地解决实际问题，提供最合理的经济方案，让客户体会到价值最大化，真正做到让客户可信任和可依赖，我们的业务发展道路才会走得更远和更宽广。

　　尹增竹还谈了与客户交往的一些经验，他说，在日常业务操作中，接到客户询盘一定要及时回复，即使是一封普通的回复都会让客户感受到你办事的效率以及对客户的尊重。千万不要区别对待客户，这样留给客户的第一印象是很不好的，那会让客户远离你。不要轻易对客户说"不"，真正有智慧的业务员，会灵活处理各种棘手的状况，例如，客户要求的目标价格实在是做不下来，可以委婉表达，如"我可以和老板再去申请和争取一下"等。

　　于小处见大，于无声处听声，这就是有智慧的企业人与没有智慧的企业人的区别。

　　沈承国认为，鑫光正论智慧核心思想就是对于几个意识的理解和运用，以及"以结果为起点的思维模式"和"用爱创造成果的行为模式"的有机结合。

　　孙洪亮认为，论智慧需要高于常人的远见，它是一种非凡的技能，而鑫光正在商业竞争异常激烈的今天，能够要求团队始终保持激情、务实、感恩、跨越，这就是有智慧的表现。智慧要以实践为源头，以学识为基础，以经验为依托，以化解难题为表现，它高于知识、高于聪明、高于经验。

五、理解与感悟

　　企业有智慧地做事情首先可以理解为：做事情有原则，处理问题有理念，员工队伍自上至下皆养成了稳健做事情的习惯，遇事不会慌乱，也不会急于求成。以鑫光正为例，其企业全体员工在从事商务活动和生产活动的时候，明确提出要始终保持激情、务实、感恩、跨越，而以这样的精神状态和实际要求去工作和生活就是有智慧地做事情的一个基础性表现。所有员工都在这样做事情，不仅可以解决员工们的方向选择问题，而且还可以形成统一的企业文化、统一的价值观、统一的节奏、统一的思想和统一的力量。或许有人会说，提出这样几个口号还不容易吗？事实上，提出口号是很容易，可是能否做到却是对企业绩效管理体系的考验。一家企业有智慧地做事情，除了建设好企业文化以外，还必须强化绩效管理工作，企业文化重视什么，绩效管理就强调什么，绩效管理所重视的工作内容，执行久了以后要把它升华为企业文化。如此，两者相互影响、相互促进以形成企业做事情的氛围，就是企业有智慧地做事情的高级表现。

　　从个人的角度看，为了有智慧地做事情，还必须处理好舍与得、投入与回报之间的关系。在前文论价值中，我们提出了"价值最大化"的表述，即你在做事情的时候先不要考虑对等回报，而是要多付出一些，多投入一点。多付出一些，多投入一点不是要求你做力所不能及的事情，而是提示你在做事情的时候不要斤斤计较，要学会把眼光放远，把格局放大。如此做事情，往往会让你有很多事情可以做；如此对待客户，会让客户重复登门并为你引荐新朋友；

如此对待合作伙伴，会让合作伙伴喜欢你并愿意一直与你同行。当你真这样做的时候，你便具备了利他意识和价值意识，你就掌握了"将欲取之，必先予之"的做事智慧。

世人常有如何判断聪明和愚蠢的争议，比如一个人很遵守规矩，做事有原则和底线，从不为了谋取私利而出卖朋友、出卖伙伴、出卖企业，即便他这样做了也没人知道，且他可以从中获利但他也绝对不做，有人说这样的人很愚蠢。还有的人做事无原则，为了牟利不惜欺骗身边的人、亲近的人、喜欢自己的人，只要能赚钱，手可以伸得很长，一如那些搞传销的人、卖假货的网红主播等，你说这样的人聪明吗？人心百态，众说不一，何为愚蠢，何为聪明也是仁者见仁，智者见智，而我们的观点是，作为一个有智慧的聪明人，应该把事情做长远一些，把获利的活动做久远一点，不要鼠目寸光，不要竭泽而渔，不要急功近利，不要冒险犯事，不要违反法律，如此做事就具备了规范意识和信用意识。有人或许认为以这两种意识作为指导去做事太保守了，可是以不规范的方式做事，说到做不到，做不到的先说出去，说出去的话又不算数，你以为这样做事会很快成功，可是并没有想过，如此成功可能会是昙花一现，也可能会为你招致祸端。看一下那些搞传销的人，哪一个可以真的获得成功；再看一下那些卖假货的网红主播们，哪一个不是闹得灰头土脸甚至最后身败名裂。养成规范做事、待人真诚的好习惯，可能会让你的成功慢一点，可是这种成功能让你感觉很踏实，而且它会很持久，如此做事不是很有智慧吗？

有的人做事情不计后果，以为这是勇敢；有的人做事情容易冲动，以为这是有魄力，可是如此勇敢和有魄力的人到最后都不知道自己为什么那么做，都做了些什么，这样的人，我们只能判定他们没有智慧。如何做事情才算是有智慧呢？从企业经营的角度看，可以参考"光正十二论"之"论智慧"中的一句话，即在全球信息共享的今天，我们要形成以结果为起点的思维模式，用爱创造成果的行为模式，实现企业平台化、成果复制化、利益共享化。这是所有希望成为伟大公司的企业都应该追求的可持续发展的商业智慧。梳理这句话，可以提炼出几个关键思想：一是"以结果为起点"，即以目标为导向，目标清楚，事情容易做成，知道做成事情以后会有什么样的结果，更多的人因此而愿意做事情；二是"用爱创造成果"，即真诚且诚信地做事情，真诚的心可以感化他人的心，诚信的行为到任何时候都受欢迎，既有真诚的心又能诚信地做事情，如此很容易交到朋友并且把事情做成功；三是"企业平台化"，即支持内部创业，努力为员工的个人发展创设各种便利条件，结果是员工们在这个平台上努力地打拼自己的事业，员工成功了以后就会促进企业更好地发展，在这个平台上成功的员工越多，则企业就会做得越大、越强，甚至可以做成伟大的公司；四是"成果复制化"，即相互学习，共同分享，集体成功，一个人的智慧是有限的，一个人的力量是有限的，可是如果众多的人集中了智慧和力量，则它们就不再有限，而是会变得无限大，并且可以吸引更多的人参与其中；五是"利益共享化"，即与员工分利，与团队分利，与供应商分利，与客户分利，与合作伙伴分利，与股东分利，"同利天下者则得天下"，分出去的越多，你将收获的并不是越少，而是同样越多，因为会有越来越多的人加入其中，会有更多的收益被创造出来。

　　把握了以上这五个做事情的思想，那么你的企业就拥有了做事情的智慧，而有智慧地做生意一定可以让你生意兴隆，财源广进，不仅个人可以成功，而且还能造福社会。

第七章

论耐力

一、论耐力的内容

"光正十二论"之"论耐力"的内容如下：

• 企业之间竞赛的不是谁跑得速度快，而是谁做得时间久，比的是持久的耐力。我们不急于很快赚到大钱，因为市场需要培育，因为赚钱需要时间和能力的累积，因为我们不想因眼前利益出卖未来。

• 我们不轻易扩大规模，因为我们的实践观是：想，壮志凌云；做，脚踏实地。我们不去战胜对手，因为我们不把任何同行列为对手。

• 我们坚信，"持久的发展才是真正的发展"！

二、如何看待耐力

何为耐力？耐力就是定力，就是有所期待而不急于求成并且在默默地努力着的一种状态。

一个人有了耐力便可以沉住气，可以打下很好的发展基础；一个人如果没有耐力，遇事就会冲动，急功就会近利，结果反而可能一事无成或者难成大事。

企业有了耐力就可以稳住队伍，可以培养客户的信任感和忠诚度，而不是急于从客户那里赚取利润。有了客户的信任，企业便可以持久地与之合作；有了更多客户的合作，则企业就可以长久地发展，慢慢做成百年老店，变成伟大的公司。

关于这个话题，孙炯光董事长认识得非常清楚。他说，赚钱是企业发展的目的之一，但是赚快钱却绝对不应该成为企业发展的目标。为了赚快钱，人们可能会很积极地做事，可能会很投入；但是也有可能会无所不用其极，甚至是没有原则，突破底线，不择手段，如此就会伤害到企业发展的根基，会断送了企业的前程，这样的例子实在是太多了，不胜枚举。

其实，一家企业如果能够把"造福社会，成就员工，让客户更幸福，让企业更长久"作为自己的企业使命，那么它就很容易形成自己的定力，也就会有耐力。这是因为，希望造福社会就不会期盼着过多地从社会索取；希望成就员工就要让员工稳健地做事情并不断地提升其能力；希望让客户更幸福就不能过度关注利润率，因为企业的利润率有时候会与客户的收益率相矛盾，企业的利润率越高，客户可能赚得越少，这样会降低客户的满意度，更何谈让客户更幸福；希望让企业更长久，就不能计较一城一池的得失，就不要在一个点上谋取最大化的收益，而应该去追求规模，去努力服务更多的人以提升企业整体的利润水平。

企业不急功近利，员工的心态便会稳健；员工的心态稳健了，才会注重能力的提升并且注意维护客户关系，而员工与客户是企业最主要的两大资产，这两大资产被盘活被用好了，才能为企业未来的大发展打下坚实的基础。

综上所述，鑫光正的认知是，企业之间竞赛的不是谁跑得速度快，而是谁做得时间久；所有的企业包括同行之间比拼的不是速战速决而是看谁能有持久的耐力。鑫光正的员工们不急于赚快钱，不盼望能够很快赚到大钱，而是要踏踏实实地开拓市场，认认真真地培育客户，勤勤恳恳地提升能力。李白说，"天生我材必有用，千金散尽还复来"，做企业就应该有这个气魄，绝对不能因为眼前的利益去出卖未来。

（三、不与同行竞争

每个企业的发展都有它自己的节奏，节奏掌握好了，有利于企业的稳健成长；节奏如果被竞争对手带乱了，那么企业的发展就会缺少战略观，就会迷失方向，就有可能陷入价格战，抄袭模仿，互相攻击，搞得乌烟瘴气，这绝对不是一个有追求的企业可以做的事情。

基于这样一种认知，一个希望成为伟大公司的企业就不要把战胜对手作为目标，而且也不应该把任何同行列为对手。

你不把同行作为对手，不代表人家不把你当作竞争对手，为了避免与同行在很低的层次上竞争，企业要大力做好企业文化建设，要让企业文化与产品及服务相匹配，要借助企业文化的力量为员工插上梦想的翅膀，让企业成为真正有信仰的公司。从而企业可以造福社会并在造福社会的过程中发展；可以成就员工并在成就员工的同时成就企业；可以让客户更幸福并在让客户感觉幸福的过程中让企业变得更成熟；可以在为社会、客户、员工、股东创造价值的过程中实现企业慢慢变得伟大的目标。

四、有耐力才能更成功

在当今社会，很多人是没有耐力的，很多企业是没有定力的，他们都在想赚快钱，甚至为赚快钱而烧钱。可是，一家企业如果没有耐力而只想赚快钱，它就不会投入更多的人力、物力和资源去"练内功"、搞研发、提升产品和服务的品质，就不会关注企业的创造力和持久性，更不会在意企业应该肩负的社会责任。这样的企业一时或许可以成功，但从长远看却没有什么存在的价值。一家企业是这样，还说得过去，可是如果整个社会都这样，那还谈什么进步与发展的可持续性。2020 年，国家出台了关于互联网平台反垄断的政策，这就是一个典型的例子，政策本身不是为了限制互联网平台公司的发展，而是提醒它们不要为了赚快钱、搞垄断，借助资本的力量为所欲为，以至于忽略了技术研发和系统化的创新，淡漠了商业伦理，败坏了社会风气。

没有耐力的人不愿意走正道，结果会害人害己；有耐力的人不会急于求成，结果一定会笑到最后。下文是鑫光正的员工们是如何认知和理解这个问题的。

展飞认为，在日常运营过程中，我们从来不会和哪个公司做比较，只会朝着设定好的目标去努力完成它们；我们不会去画大饼，因为我们清楚地知道，一直画大饼是吃不饱的，只有脚踏实地地去做才是正道；我们也不会去和别的企业竞争，因为我们知道合作才能够更好地发展。我们这么多年沉淀的结果，必定会在后面的一年又一年的成果中体现出来。

展飞说，我们在做项目的时候，往往会有客户拿我们的价格与其他公司的价格进行比较，但是我们会说，我们不与他们进行比较，因为他们所给的可能并不是客户想要的，或者说他们也给不了客户想要的。当然，有的客户会选择我们，有的客户不会选择我们。可是那些最初没有选择我们的客户再见我们时常说的一句话就是"早知道就选你们了"。这种例子在我们做工程的过程中比比皆是，它说明了我们的坚持是什么，我们的定力是什么，我们能够给予客户的是什么，"真金不怕火炼"，我们最终与竞争对手比的就是耐力，是能够沉下心来为客户好好服务的定力。

展飞举了一个例子：论耐力在我们团队这边是时时能够看到的，有一个小伙子，跟了展飞两三年，很努力却一直没有业绩，十分着急。展飞就经常引导他，跟他讲，我们做业务的就是这样，往往需要积累、机遇和运气，所以一定要坚持。这个小伙子很听话，很坚持，所以在 2019 年他终于真正地赚到了自己的第一笔"大钱"。其实钱也并没有那么多，但这却是对他耐力的一种验证，更为关键的是这给了他足够的信心继续坚持下去。2020 年，这个小伙子做得很不错，业绩大幅提升，他开始相信，持续的积累加上耐力的支撑，现在和未来他都可以成功。

卢杰说，在某个时刻，某些企业如雨后春笋般应运而生并快速发展，然后又随即消失，昙花一现的美丽和持久的绽放，谁更美丽？

卢杰说，我们真的不急于很快赚到大钱，因为赚钱需要时间和能力的累积，而我们绝对不想因眼前利益而出卖未来，尤其是当我们面对既得利益的时候，我每次都会想，这是我想要的吗？即便是获得了这点眼前利益，又能怎样呢？如果你经受不住眼前利益的诱惑，那么实际上已经将你未来的路截断了一截，长久以往，未来之路必将越走越短。有的时候，卢杰经常跟她的团队成员讲，即便这个项目的钱都让你赚了，那是多少钱？既然这个客户是优质客户，为什么不考虑一下放长线呢？为什么非要纠结这一次呢？有的时候，真的不要让眼前的诱惑蒙蔽了双眼，因为那样做是在出卖美好的未来。

此外，我们为什么不把任何同行列为对手，是因为同行尤其是优秀的同行是我们学习的标杆和榜样，我们只有不把任何同行列为对手才能做到向每一个对手学习。事实上，每个人或每家企业其存在和发展都各有精髓，我们可以取其精华，看是否可以为我所用。我们为什么不去战胜对手，是因为我们要战胜的是我们自己，只有通过不断地学习和提升，我们才能够达到可持续发展的目标。

天下万物皆可以不为我所有，但又皆可以为我所用，这才是真正的有格局。

卢杰举了一个例子：耐力、耐心是一个技术人员必备的基本能力，因为我们时常会碰到棘手的项目，有时它会让我们抓耳挠腮，甚至面临崩溃。可越是在这种时候，就越要沉着冷静地思考，越要细化方案，从而把项目做到合理安全又能让客户满意。在卢杰率团队服务乌拉圭 1815 物流仓库项目时，便遇到了这样的问题，他们所要求的结构很不规则，是局部四层框架再加两层框架，并且需要加装部分钢架结构门，而门的尺寸也不规则且有许多造型，此外，框架部分还不能加柱子，需要悬挑三米多高。针对这种项目，就连富有经验的工程师都表示太难实现。在项目推进的过程中，卢杰的团队给客户前后提供了加钢柱、调整布局等好几个方案，可是客户很执着，一定要达到他们所要求的外观效果。如果完全按照客户的想法进行，对于结构设计确实很有挑战而且可能会有安全风险。后来经过苦思冥想、多方讨论和反复验证、验算，最后卢杰的团队想出了一个调整悬挑长度，增加一根钢柱且不影响空间使用的方案，终于让客户感觉很满意，并同意采用这一方案。卢杰说，假如我们沉不住气，没有耐心，不愿意反复计算和验证，这一项目可能就告吹了。

李秀涛认为，企业之间的竞争最终是耐力的比拼，同理，做业务、谈项目也需要有耐力。李秀涛说，我们经常遇到这样的客户，他们不断地修改方案，不断地要求更新报价，有些业务人员就会因此感到不耐烦，甚至失去耐心，结果在项目快要成交的时候把客户弄丢了，而这就是没有耐力的表现。其实，我们要时刻站在客户的角度去思考问题，客户不断修改方案的原因有很多，可能是方案不合理，可能是场地有问题，也可能是投资成本过高，或者是又有了一个新的想法等，我们首先要做的就是判断这个项目是不是真实的，如果是，那么就要有耐心地完成客户的各种需求。要知道，我们的处境跟竞争对手是一样的，最后与客户成交的肯定是更有耐心的那一个。又或者，客户本来就只找到我们为他提供服务，对我们很有信心，可是因为我们失去了一些耐心，结果就给了竞争对手机会，这样做难道不是很愚蠢吗？

李秀涛举了这样一个案例：在 2016 年的广交会上，一个客人来到我们展位上跟我们讲："我已经和你们的业务经理 Jane 下单了，她的服务太好了，为了解决我的问题一直工作到晚上 10 点钟，本来我都已经定好采购的厂家了，但最后还是选择了你们！"听到客户的认可，我们感到非常自豪，也更加认识到了有耐心地服务的重要性。现在反过来想想，我们的竞争对手为什么会丢掉原来那个客户呢？为什么客户要下单了又选择我们呢？难道真的是他们的服务不够积极吗？我想，这其中更大的原因或许就是他们在服务客户过程中的不耐烦、不重视，从而造成了订单的丢失。

员工在企业里升值加薪也需要有耐力和耐心。就业务岗位来说，因为产品的类型不同，所以钢结构产品的销售需要从产品知识、专业知识、业务流程、信息开发、客户服务、信赖系统打造等一步一步地进行学习，而这个过程肯定要花时间。很多人接受不了长时间的学习，就跑掉了。为此，在招聘业务型员工的时候会提前与之进行交流，要仔细地辨别他们是否有耐力，能否吃苦耐劳，是不是具有学习力和进取心。否则即使招聘进来，干一两个月，忍受不了走了，对他个人、对企业都是一种时间和精力上的浪费。当然，凡是进入企业的员工，我们都会为他们提供好的学习环境和培训机会，再加上个人的努力付出，只要能坚持下来，就必定会创造出成果，实现个人梦想。

赵志刚认为，鑫光正的"论耐力"的核心内容是"持久的发展才是真正的发展"，而这与国家所提倡的"大家一起发展才是真发展，可持续发展才是好发展"是遥相呼应的。实践证明，在企业发展的长河里，那些孤立式的发展，那些牺牲其他公司利益而谋取自身利益的企业，最终都是做不久的，而合作共赢才能确保发展的可持续性。以工程公司为例，他们之所以能够承接4.5亿元的项目而且还可以把它们做好，靠的就是团队上下所持有的耐力，讲的就是一个持久心理。在工程公司实际管控项目中，他们坚定不移地从业主角度出发，遇到问题总是为业主提供最优质的解决方案，工程管理从头至尾时时体现出工程员工扎扎实实干项目的工作态度。正是因为这份耐力和细致，才使工程公司发展得风生水起。

尹增竹认为，他最喜欢"论耐力"中的这样两句话，即"持久的发展才是真正的发展"和"市场需要培育，因为赚钱需要时间和能力的累积，我们不想因眼前利益而出卖未来"。尹增竹说，在外贸项目中，能看得见的是客户购买了我们的产品，我们完成发货收到货款就等于完成了一单。但是在项目的操作中，大多数的客户甚至于大多数的公司都在筛选更合适的供应商和合作伙伴，也就是说产品背后承载的是附加值、品牌和服务，这些都是客户在购买产品时会同步考量的，同时也是外贸企业需要着重经营和需要时间沉淀的。所以，我们在与客户就具体项目商谈时，应该把除价格以外的诸多因素全面地进行分析和认真比对，从而把产品的价格转换为价值，转化为一种厚重累积以后的感觉传导给客户，以让客户认可，让客户满意。

对此，尹增竹举了一个例子：业务经理王建平主导了一个意大利支架项目的操作，这个项目所要求的支架类型多，工艺较为复杂，部分构件加工尺寸精度高，而且客户方还有详细的图纸和国内多家供货商的价格。在商谈的过程中，王建平对客户提供的相关技术参数进行详细分析后，紧接着就给客户提供了合适的报价，而客户方马上确认了价格并及时签定合同。目前，我们正在准备第三批项目。在这个项目中，我们通过让利给客户使其认识了我们的产品，经过我们细致的测算并及时提报价格与方案也让他们认可了我们公司的实力与效率。我们坚信，长久的合作和有耐力的发展才是我们唯一的目标，所以我们要坚守着"百年企业，知名品牌"的原则，真诚地与客户合作，有耐心地为客户提供优质的服务，并在背后努力"练内功"，不断地提升自己的能力。如此不断地累积，不断地推陈出新，才能不断地赢得客户的信任，不断地为企业的未来发展打下坚实的基础。

沈承国认为，"企业之间竞赛的不是谁跑的速度快，而是谁做的时间久"，表明了鑫光正在"成为世界第一的钢结构公司"的道路上的决心和坚韧。沈承国说，在这个过程中企业一定要耐得住寂寞，要经得住诱惑，绝对不做投机的生意，而要坚持做大做好实业，如此才能实现近期价值，达成远期使命。"我们不去战胜对手，因为我们不把任何同行列为对手"，这是从"成为世界第一"的定位讲述企业的定位，这个定位可以赋予企业更高的格局和更广阔的视野，它说明一家企业第一就要习惯自我超越，就要学会用分享去换共赢。

关于耐心才能赢得客户，沈承国举了一个例子：公司曾经做过一个尼日利亚机场项目，针对这一项目业务经理跟踪了两年多以后，客户还是在不断提出新的需求和疑惑，这让很多同行都失去了耐心，认为客户就是个骗子。可是鑫光正的项目经理每次都是第一时间给予回复或者进行耐心解答，从不厌烦。如此付出总有回报，就这样一直坚持交流，终于在第三年成交了近一个亿的建设项目。

孙洪亮认为，市场孕育需要时间，所以鑫光正的发展从不为眼前短暂的利益而出卖未来，这既是对企业的要求，也是对员工负责任的一种表现。孙洪亮说，昙花一现固然绚丽，但做一朵永不凋谢的钢花才是我们企业极致的追求。

五、理解和感悟

"论耐力"是符合中国传统文化特点的一种诉求，中国传统文化讲究的是"厚积而后薄发"，反对的是急功近利，不择手段，这样一种做事的态度就是论耐力的具体表现。

换言之，"论耐力"不是消极地等待，而是积极地准备以待时机，只有明白了这一点，才可以真正把握"论耐力"的价值所在。

通过与鑫光正员工的交流可以感知到，"光正十二论"之"论耐力"所强调的也是一种"厚积而后薄发"的思想，即企业不急于很快赚到大钱，因为市场需要培育，因为赚钱需要时间和能力的累积。虽然是一家县域企业，鑫光正也不是不想赚大钱，因为如果企业不想赚大钱，那么也就没有必要如前文所提及的那样定下百亿元的发展目标。企业想赚大钱，但是却又不急于赚钱，这是为什么呢？因为想赚大钱的企业多了，而没有一定的基础，没有一定的实力，没有一定的累积，没有各个方面的充分准备，想赚大钱是不可能的事情。

企业想赚大钱是一个目标，而如何实现这个目标需要智慧，需要实力，需要累积。累积什么，如何累积，在这里也说得很清楚，即累积市场资源，累积员工能力，累积时间的沉淀，累积客户的信任，累积企业可持续发展的资本。如此累积不是原地等待，而是在认真地准备，并处于渐进式的准备过程中，实现企业慢慢地发展，让员工一年更比一年进步。

"论耐力"的思想以及由这种思想指引下所生发的行为，不仅是在当下打基础，同时也是为未来做铺垫，因此有"我们不想因眼前利益而出卖未来"之描述。

第八章

论业绩

一、论业绩的内容

"光正十二论"之"论业绩"的内容如下：

- 我们相信"数字是最美的语言"。

- 业绩是对你能力和态度的回报。用数字说话，用事实证明。"付出才有回报"是永恒的定律。人生的财富多少，取决于你付出的多少。虽然说选择大于努力，但是没有超过常人的辛勤付出，再好的选择也会失败。业绩背后是团队，团队背后是文化，文化背后是胸怀，胸怀背后是投资。

二、数字是最美的语言

为什么说数字是最美的语言？这种说法是不是有点理想主义的色彩？对此孙炯光董事长的回答是，用数字说话其实就是用事实说话，对于企业经营而言，真实性的描述就是最美丽的语言，而数字和数据可以承担起这样的责任。此外，业绩是对员工能力和态度的认可与回报。用数字可以证明员工的态度，用事实可以证明员工的能力，态度不端正的员工，以及能力不够还不肯学习和提升的员工，他们一定没有办法拿出令人满意的业绩；相反地，态度很端正，能力很强大的员工，其工作业绩也绝对不会差。用数字说话，用数据证明，员工之间的能力与态度高下立判。

用数据说话，让数字发声，也是企业规范管理的标志，基于这样的目标引导，可以帮助员工明确个人的追求，可以帮助企业建立经营和管理的规范。员工明白了企业的发展诉求和规范性的要求后，就会主动去追求财务规范、经营规范、管理规范和行为规范，从而能够踏踏实实地做事，真心为客户着想。企业形成了这样的整体认知和做事风气以后，才能为企业的稳健成长与可持续发展打下坚实的基础。

三、论业绩的内在逻辑

没有不看业绩的企业，也没有不被看业绩的员工，这似乎是个公理，但是，为什么看业绩，以及如何看业绩却没有公共的标准和依据。对此，孙炯光董事长认为，论业绩的逻辑可以从以下四个层次理解：

第一，业绩是一种收获的表征，它是员工和企业多年累积的结果。为了业绩收获最大化，就需要企业多投入，员工多付出，"冰冻三尺非一日之寒"，在看业绩的同时，也必须要看业绩的出处。

第二，用心把事情做到最好，努力就会有所回报，而且努力付出得越多，回报就会越大，只要方向没有错，方法选择没有错，付出与业绩一定是成正比的关系。

第三，看业绩不只是看单个员工的业绩，还要看团队整体的业绩，看团队业绩是团队负责人可否成立子公司，以及能否进行自裂变发展。如果一个团队的业绩一直比较突出，那么团队领导与团队成员的匹配度会很高，他们的付出很多，他们的能力在工作过程中会变得越来越强，而且团队文化也一定非常具有张力。在这样可以产生优秀业绩的团队中，员工的胸怀会变得越来越开阔，格局会变得越来越大；团队领导可以带头成立子公司，其成员也可以牵头成立子公司下属子公司，从而实现自裂变式地快速发展。

第四，论业绩只是"光正十二论"当中的一论，所以不必担心会出现一切唯业绩至上从而出现伤及企业发展根本利益的事情。换句话说，"光正十二论"是一个完整的系统，论业绩只是其中的一个方面，在争取业绩最大化的过程中，其他可能出现的问题，或者员工与团队需要获得哪些方面的支持以及应该注意什么样的事项，这些在其他论断中已经予以解决或者有所安排。

四、业绩获取与核心能力

从企业的角度看，如果希望一直可以获得不错的业绩，那就需要打造企业核心竞争力也就是核心能力。一家公司的核心能力可以为它带来独特的价值，拉开与竞争对手的距离，更有效地服务客户，从而创造更多的收益，这对于企业的发展和业绩的提升有着十分重要的作用。

从具体的视角看核心能力之于企业的作用，可以将其分为以下三个方面：

第一，核心能力是保证企业战略目标实现的重要基础，而企业战略目标是企业业绩提升的导向。在这个方面做得比较成功的企业很多，比如微软集团、英特尔公司、佳能公司、海尔集团、华为公司、联想集团等。其中，微软集团和英特尔公司主要是以技术创新能力取胜，创新是其核心能力；佳能公司则以企业持续变革能力取胜，变革是其核心能力；海尔集团、华为公司主要以企业文化和凝聚力取胜，文化管理是其核心能力；联想集团的成功基于三个方面的努力，包括有效的成本控制、持续的技术优势和强大的渠道管理，这三种关键能力在被有机组合以后构成了联想集团的核心能力。以上几家公司的成功有目共睹且由来已久，究其成功的原因有很多，但若概括为一个原因那就是：经过企业上下长期的努力，它们逐渐建构了各自企业的核心能力。因为有了成熟的核心能力，所以这些公司的战略目标总能得以很好地实现；因为持续拥有这种核心能力，所以它们连续多年取得了骄人的业绩，并且为未来的发展打下了坚实的基础。

第二，核心能力可以帮助企业决策者建构明确的组织结构，这种高效率的组织结构可以为企业业绩的全面提升保驾护航。这其中的逻辑是：因为核心能力的打造是企业一直追求的工作主线，所以它必须引起企业决策者的足够重视；因为企业决策者非常重视核心能力的打造，从而建构了与之相匹配的组织结构与工作流程，并且在此基础上促成了企业业绩的持续提升。通常而言，核心能力必须由企业决策者而不是由独立行动的部门负责人来选择提出；在一定时间内，企业决策者只能选择 1 ~ 2 个核心能力加以培植；企业需要以长远的战略眼光加以资源投入，从而可以构筑、培育和强化其核心能力。能够统率组织的权力结构才可以确保核心能力的打造工作成为企业发展的主线。如果在一个企业中，核心能力没有这种地位，则这个企业将很难实现业绩不断提升的目标。

第三，核心能力引入了企业战略的基本问题，解决这些问题可以帮助企业稳健地提升业绩。核心能力可以回答企业战略的三个基本问题，包括：为什么一家企业与其他企业不同；为什么一家企业比其他企业盈利能力强；哪些因素构成了企业竞争优势的持续性。由此可以推出三个结论，包括：假如你的企业能够为客户提供特殊产品或服务，你的企业就拥有了核心能力；假如你的企业能够满足特殊顾客的需要，你的企业就拥有了核心能力；假如你的企业能够以特殊途径满足顾客，你的企业便形成了核心能力。无论你以什么方式打造自己企业的核心能力，最终的目标都是为了系统化地提升公司的业绩；而一旦企业完成了核心能力建构的目标，系统化地提升公司业绩就会变成一件顺水推舟的事情。

核心能力的生成通常有五种途径，包括：第一，通过研究开发形成核心能力，这是最常见的一种路径。在世界范围内最有影响力的企业，大多数是借助研究开发能力来形成自己企业的核心能力。这样的企业表面上看有着极其强大的技术研发力量，而实际上真正制胜的要点却在于非常微观的两个方面，即开发革新产品的基础研究能力和新产品的开发速度。第二，借助经营管理形成核心能力，这是最为稳健的一种路径，其形成的过程其实就是企业加强经营管理活动的过程。不过，借助经营管理可以形成企业的核心能力，并不等于只要企业有经营管理活动就一定可以打造出核心能力，一般性的经营管理活动，以及未加设计的经营管理活动是无法和企业的核心能力关联到一起的。要使企业经营管理本身成为企业的核心能力，首先要对企业的所有经营管理活动进行战略性的设计，并要特别关注企业经营管理过程中的若干关键要素，包括高效率的财务管理系统、高水平的人力资源管理系统、有效的部门分类、可以单兵作战的经营体、强大的领导能力等。只有这些关键节点的经营管理活动十分高效，且各个节点能够有机协同，企业的经营管理活动才能变为企业的内生能力，成为企业的核心能力，变成企业的核心竞争力。第三，注重专业化的生产可以生成企业核心能力，这个方面的代表性企业主要集中在德国。德国企业专注生产，强调质量，不断改进工艺，不断提高工人的操作水平，持续给予顾客他们所预期的产品，保证客户使用的产品舒适和高效，如此这般，便形成了企业强大的核心能力。这种能力看似简单，却又轻易无法被人替代。第四，通过营销和品牌管理生成核心能力，关于这一点我们会在后文第九章"论品牌"中进行探讨。第五，通过销售和流通生成核心能力，这是当下互联网头部企业不断获得成功的主要路径。在平台公司的支持下大幅度地提升销售量，结合快速有效的物流递送体系，以及为顾客服务的品质和效率性可以共同生成这一类型的核心能力。

如何建构一家企业的核心能力，可以从以下七个方面进行思考：第一，企业决策者要识别企业自身的关键战略要素，并从中选择自己认为最为独特的那个或几个。第二，通过关键战略要素分析界定企业核心能力取向，并将企业的业务聚焦于这个方向和领域。第三，确认打造核心能力所需资源并建立整合程序，这些资源包括人力资源、物力资源、财力资源、信息资源、关系资源和管理资源六个大类。第四，借助企业价值链和生态链的整体力量推进核心能力的打造工作，在这个过程中要特别注意关键影响要素以及有重要影响力的细节。第五，全过程评价各个核心能力要素的刚性和被模仿的可能性，力争建立防火墙，以避免关键要素和重要资源的流失。第六，全过程评价潜在竞争要素对自身的影响以及应对策略。第七，固化和强化既有的核心能力。

五、论业绩要论到实处

关于"论业绩"，工作在第一线上的员工和管理者最有发言权，对此我们采访了鑫光正的相关人士，看看他们是如何把"论业绩"落到实处，并融入工作中的。

展飞说，我们相信"数字是最美的语言"；我们相信业绩是对你能力和态度的回报；我们相信用数字说话，用事实证明；我们相信"付出才有回报"是永恒的定律；我们相信人生的财富取决于你付出的多少；我们也相信如果没有辛勤的付出，再好的选择也会失败。说得直接一点，成功与否往往取决于我们真正做了多少，而只有业绩才能够证明我们是否真的做了，只有业绩才能够证明我们的能力和态度。在此，并不是说我们只看中业绩，但是业绩往往能够说明大部分的情况。

关于"数字是最美的语言"，展飞以自己的子公司的成长为例：2017年，员工4人，业绩1800万元；2018年，员工11人，业绩4400万元；2019年，员工14人，业绩5000万元；2020年，员工16人，业绩1.15亿元（截至2020年11月10日）。展飞说，没有什么比这些数字更有说服力，它能证明我们的成长和进步。我也相信我们的企业文化和"光正十二论"，它会让我们的这些数字更加美好。

卢杰认为，对于销售团队和业务人员而言，业绩、数字、数据是最直观的表达，用数字说话，可以看出我们的付出，用事实证明，可以验证我们的付出定有回报。同时，"业绩背后是团队，团队背后是文化，文化背后是胸怀，胸怀背后是投资"，说明单凭一个人的力量单打独斗是比较困难的，出色的业绩背后通常都会有一个团队的力量在支撑，而支撑团队前行和超越的又是文化、胸怀和格局的力量。

对此，卢杰举了一个例子：在其所构建的卓达公司之下属事业部当中，有一名员工叫刘琳峰，他在负责一家几内亚客户的钢结构＋设备时，用团队的整体力量和行动证明了付出与回报的正向关系。在客户计划来访之前，刘琳峰先是牵头组成了接待小团队，无论是资料的准备，还是专业的展示，做得都很周到和全面。因为此项目是钢结构＋设备，所以前期刘琳峰和团队成员崔文娟亲自前往工地实地查看设备布局，通过现场查看，知道了钢结构和设备要如何结合，知道了钢结构设计中的注意事项。同时，在和客户沟通的过程中，另一名团队成员李腾飞主动承接了电气配套设计的工作。这几个人用他们的实际行动传递了"业绩背后是团队，团队背后是文化"的力量，也正是这种主动服务意识和团队合作的力量及其专业性打动了客户，极大地节省了客户连接多个不同供应商的时间，从而提高了服务的精准性，并赢得了客户的信任。这个例子足以说明"业绩是对你能力和态度的回报""业绩背后是团队"这些理念的现实可用性以及其所具备的高效性。

李秀涛认为，业绩是我们工作能力的体现，是我们价值判断的重要衡量指标，通常情况下，能力越强的人其业绩表现也越突出。在鑫光正这个平台上，全体员工每年都要围绕着公司大目标来制定个人的年度业绩目标和达成措施，并按照目标措施进行落地执行，这使鑫光正多年来在业绩方面一直处于稳健增长的状态。在这个平台上，每年也都会涌现出一批优秀员工，其成果显著，业绩突出。对于这些优秀员工，在到达进阶标准时，平台就会为他们创造机会建立自己的团队，使其在平台上成为创业者，从而可以通过自己能量的最大释放创造更多、更大的价值。当然，业绩数字是判断一个员工能否参与创业的基本条件，除此之外，他还必须品行兼优，有胸怀，有格局，认可企业文化，与企业的思想价值观相统一。当这些条件都具备时，他才算是一个合格的创业者、合伙人，企业才会为其投资。在鑫光正平台上的子公司总经理基本上都是从这些优秀员工中选拔出来的，还有大量的事业部经理，他们同样也是因为突出的个人业绩而被提拔的，并作为未来子公司领导者的发展对象。事实上，这些都体现出业绩在企业发展过程中的重要性，它是价值判断的一个重要衡量指标。

赵志刚认为，数字是最美的语言，它所代表的是你努力以后可以获得的认可。赵志刚说，我们本就是一个持久发展的团队，在这个团队中，切莫空口说大话，而是要用事实说话，要拿出自己辛勤付出的证据，以说明你的一切努力都是有据可依。

在赵志刚的领导下，工程公司在 2019 年，共承接 74 个项目，其中国内项目 53 个，国外项目 21 个，支撑项目额度为 32862.17 万元，其中国内为 28134.5 万元，国外为 4727.67 万元。截至 2020 年 11 月，在原有人员基础上，共支撑管理服务国内项目 51 个，项目合同总额共计 45188 万元。赵志刚说，以上两组数字就可以充分说明工程部门所有员工的存在价值以及他们背后所付出的不懈努力。

孙云霞同样相信数字是最美的语言，而业绩就是对你能力和态度的回报。2009 年以来，她所负责的部门每年的业绩指标均能达到公司要求并且多数时候还能超额完成。如此多年的坚持不懈和为客户始终提供优质的服务，使她们终于在 2020 年达成了 6000 万元的业绩，创部门历年新高。这份坚持与付出是别人想象不到的。当然，这份成绩也足以令她们备感欣慰。

尹增竹说，他理解的"论业绩"，其实体现的就是结果导向。这种业绩是检验能力和态度的标尺，也是实际学习与工作好坏的真实反馈。通常情况下，这些业绩的数字能够反映出你是否真正地在辛勤付出，它也能够检验出一个人对公司、团队和文化掌握与运用的真实情况。尹增竹举了自己不断成长的例子：从 2012 年入手做国际业务工作开始，到 2014 年业绩已经达到 1000 万元；2015 年和 2016 年达到 1000 万元以上；2017 年个人业绩达到 3300 万元；2020 年，部门业绩可达 4000 万元。尹增竹说，这些数字可以代表个人的努力程度，也可以反映出自己的付出和投入。如果没有这些数字，如果没有取得这些业绩，个人也就不可能获得独立建构子公司的资格。

张明明认为，业绩是对你能力和态度的回报，它说明我们得到的收益不是空手套白狼，不是从地上捡起天上掉下的馅饼。当那些冲在战斗前线的业务经理像一个个勇猛的战士一样不断传来喜讯时，很多人都会说"哇，好羡慕好厉害，又能拿到不少提成了"。但在他们说这样的话时，又可否想过这群冲锋的战士付出了多少，如果没有超出常人的付出又怎会获得超出常人收入水平的回报。

张明明的妻子是鑫光正一个子公司的国际业务经理，她的业绩一直很不错，但是于这光鲜亮丽的业绩背后，却是连他都不忍心看到的付出。张明明说，由于是面对国际客户，所以无法避免时差的影响，因此妻子晚上几乎不敢与四岁的儿子同床睡觉，生怕吵醒他，还总是怕打扰他休息。可能大家会奇怪，为什么会怕打扰家人休息？不就是拿手机发发信息聊聊天吗？不！你想得太简单了，因为怕听不见客户回信息，怕让客户等，所以手机必须调到能听到声音还能感觉到震动的状态，这样即使累得睡着了也能因为震动突然惊醒。张明明的妻子时常挂在嘴边的话是："我生怕某一条信息看不见，就失去了客户的信任！"

沈承国认为，在鑫光正员工心中，"选择大于努力"是普遍共识，大家都知道选择做正确的事是战略，而正确地做事是战术，这是认知的第一个层次。认知的第二个层次是，一旦做出选择就要全力以赴，因为时间花在哪里，成果就出在哪里，而成果最好的表现形式就是数字和事实，"在业绩方面我们就是要用数字和事实说话，而不是苍白的语言"。

孙洪亮认为，抛开数字谈成功，一切都会显得那么没有诚意。而一切用数字说话，用事实去证明，这才是务实的做法，它反映了一个永恒的定律，那就是，付出多少，回报多少，不付出就没有回报。作为一个有信仰又务实的企业当中的一员，一定要少抱怨，多努力，选对方法，抱有大胸怀，如此正确的选择加上辛苦的付出，才能做出一个漂亮的数字业绩，以证明自己的价值与能力。

六、理解与感悟

基于对孙炯光董事长和员工们的访谈，我们可以梳理一下"光正十二论"之"论业绩"的要义所在，以供其他企业参考，具体如下：

（1）企业应该是一个讲公平的地方，不能任由领导者和管理者主观评价谁能干，谁不能干，谁是人才，谁不是人才，谁的工作态度认真，谁的工作态度不负责任。企业也应该是一个讲公正的地方，所以要用事实证明个人的能力和态度，要用业绩验证个人的付出与投入，要用数字和数据去检验一个人的工作水平。在这个过程中，个人的能力差一点不要紧，可以去学一点，或者多学一点；个人的付出不够这个不允许，你必须去付出一点，或者多付出一点，然后才能看到好一点的业绩。毕竟企业不是慈善机构，也不是养闲人的组织，它可以容忍你能力不够而后去学习，甚至可以主动创造机会去帮助你提升，但是却不能容忍你得过且过，不求进取，或者弄虚作假，滥竽充数。"数字是最美的语言"，从反向角度去理解，即得过且过的人是混不下去的，因为这样的人拿不出像样的业绩，甚至压根就没有业绩，如此在企业中还怎么可能会有立身之地。

（2）天下没有白吃的午餐，也没有白付出的汗水，对于那些肯于努力工作的员工和能够积极进取的人才，企业会为其搭建成就自己的平台，并给予个人谋求进步的机会，以及可以创立自己事业的环境支持。如何证明你是一个有上进心的员工，是一个可以培养的人才，同样还是要看你的业绩，因为业绩是对你能力和态度的回报。如果你从没有做出过什么业绩，或者也没有在为做出业绩而努力，那么企业是不会扶植你发展的，因为它对你的过往没有信心。而你如果希望企业给你这样的机会，你就要好好地表现，要用数字说话，用事实证明你行，你可以。

（3）"付出才有回报"是永恒的定律，所以，人生的财富多少，取决于你付出的多少。至于付出的形式可能有所不同，当你付出体力时，你就挣体力钱；当你付出智慧时，你就挣智力钱；当你投入资金时，你就挣资本的钱。从企业经营的角度看，它更喜欢你付出智慧，读了第六章"论智慧"的内容以后你或许对此有更深刻的认知。可是有的人不愿意学习，懒得思考，那么他就可能要多流一点汗水才能多赚一点钱，但事实上只流汗水的人不可能挣到大钱。所以，多数企业都希望员工可以好好地学习，从而成为学习型的员工；学习型的员工多了，企业就变成学习型的企业；学习型的企业中有智慧的人多，而有智慧的人多了以后，企业会发展得更快，发展得更猛，发展得更好，发展得更持久。

（4）俗话说，"一个篱笆三个桩，一个好汉三个帮"，建立团队不仅可以成就个人，同时还可以成就他人，比如成就自己的团队成员，成就自己的客户，以及成就自己的供应商。这样的相互成就叫作"同频共振，共同发展"。什么是"同频共振"？从企业的角度看就是借助企业文化的力量，使企业与员工、客户、供应商、股东、环境、社区、社会、合作伙伴甚至是同行竞争者共生、共融、共创、共赢、共享的过程，"同频共振"既共振企业员工于内，也共振各种利益关系方于外。从团队的角度看，就是先找到一群志同道合的人，然后大家共同打拼，最后共同分享收益。道不同不相为谋，所以选择什么样的人很重要；虽然选择大于努力，但是没有超过常人的辛勤付出，再好的选择也会失败，所以每一个团队成员都要积极进取、努力付出。人人都付出，人人都有所建树，人人都获益，这就是最好的团队文化，基于这样的文化也一定可以做出优秀的业绩。

（5）好团队不代表没矛盾，好企业不代表没有问题。团队好是因为有了矛盾可以积极给予解决，企业好是因为出了问题谁也不会逃避。什么样的团队是好团队？有情有义、共同努力、共同获益的团队就是好团队。什么样的企业是好企业？给予员工机会成长，真心为客户服务，能够承担社会责任，不违背商业伦理，可以赚更多的钱，并且愿意把这些钱分给员工，分给客户，分给供应商，用于造福社会，还能够成就企业家的事业和好名声，这样的企业就是好企业。

好企业不敢说一直能够发展得很好，但是它一定会好好地发展，走正道，有担当，有格局。如此，必有好业绩。

第九章

论品牌

一、论品牌的内容

"光正十二论"之"论品牌"的内容如下：

为什么鑫光正公司可以成为百年企业，因为我们有领先的文化理念和强烈的品牌意识。

品牌是企业最宝贵的财富。我们坚定不移地进行品牌建设。光正人要永远不浮躁，永远不做伤害品牌的行为。

树品牌、走正道！

二、关于品牌的三点认知

针对品牌的认知在业界和学界可谓仁者见仁，智者见智，内容十分丰富，其中不乏真知灼见，而孙炯光董事长认为有三点比较适用于他的公司：

第一，企业发展首先要有强烈的品牌建设意识，并且要有具体的品牌维护行为。其中，品牌意识的前提是利他意识和规范意识，有了利他和规范的思想，企业员工们才能处处为客户着想，才能真心实意地希望客户更加幸福。企业上下以利他意识和规范意识为起点所采取的行动最终必然会赢得客户的信任与支持，而有了客户的信任与支持，企业自然就可以打造出独属于自己公司的强大品牌力量，从而为企业带来巨大的效益，广大员工亦可从中受益。为了把品牌意识强化为行为，有必要提出这样的要求，即要求企业员工不以项目结束为目标，而以客户积极反馈作为成功的判断标准，在鑫光正其具体的表现就是在某一个项目结束以后，以能够收到客户的表扬信和锦旗作为判断此项目是否真正成功的主要依据。

第二，人人都是品牌建设者，每个人都要参与品牌美誉度的打造工作，所有的员工都不允许做伤害品牌的事情。从这个意义上说，品牌建设是一个系统工程，它需要从企业价值链的角度去考虑，同时它本身也是企业打造信任链的基础。万丈高楼离不开坚实的地基，同时也需要一层层地打造，对此不可冒进，不可急躁，要稳步推进，稳健提升，稳打稳扎。建一个大坝不容易，而要毁掉它可能只需要一个蚂蚁洞穴，所以做品牌建设还要有居安思危的意识，要防患于未然，要引导所有的员工只做促进品牌建设的事情而绝对不能做出伤害企业品牌的行为。

第三，除了要求企业有品牌意识以外，还要求个体员工也要有品牌思想，要打造一种氛围，以让能者上位，不能者让贤，让混日子的人离开。此外，企业必须建构一种机制，以联动员工的个人品牌与个人利益，使其能力与所获得的收益相匹配，从而以价值引导作为动力，以营造全员关注企业品牌且全方位打造企业形象的优秀文化，让员工与企业的诉求可以实现"同频共振"，从而可以共同做大做强企业品牌。

三、如何打造企业品牌

在现实社会企业经营与管理过程中，打造强势品牌往往是建构企业核心能力的代名词。同理，有志于打造企业核心能力的企业，也可以借助强势品牌的建构和维护以实现这个目标。如何打造企业品牌，不同的公司会有不同的立场和路径，以下是一种思路：

第一，打造企业品牌要坚持走正道的经营理念，也就是要树立规范经营的意识。这看上去似乎与品牌建设以及核心能力的打造不沾边，但事实上它却是这两项工作不可或缺的最为重要的前提。试想一下，如果一家公司不规范经营，而是通过炒作，虚假宣传，以次充好，强势推销甚至是传销而打造自己的品牌形象以及核心竞争力，这样的公司能够持久吗？辛巴是 2020 年最具影响力的平台带货主播之一，他曾经多次创造平台带货的辉煌，可是一个小小的燕窝饮料被揪出作假以后，不仅冲击了其好不容易打拼出来的个人品牌影响力，而且还将其置于事业发展的危险之中，这就说明无论是个人还是企业都必须走正道，都要规范经营，都不可贪图一时之利而自毁品牌长城。一家公司只要稍稍偏离正道，动了一点点歪心思，那么它就不可能打造出自己的品牌，甚至一念之间就有可能摧毁公司所有前期的努力，前功尽弃，得不偿失，这会让企业以及它们的创立者瞬间陷入万劫不复，所以绝对不可掉以轻心。

第二，品牌做强是一个系统工程，为此，人人都应该成为品牌的打造者，人人都要维护企业品牌。从表面上看，品牌打造是企业的营销策略与产品本身在发挥作用，而实际上它的成功需要企业价值链系统化地参与，从原材料的采购，到生产工艺的改进，新功能的研发，高效率地生产，精准地营销推广，完善的售后服务，文化因素的注入等，每一个环节都非常重要，单独强调其中任何一个环节都无法完成打造企业品牌的任务。

针对这一点，企业战略管理学专家迈克尔·波特教授曾经提出过一个整合的概念，他认为企业品牌的形成不只是要借助一连串的活动，而应该借助一连串的互动式活动才能完成。有了这样系统化的活动不仅可以打造品牌竞争力，而且还可以避免让竞争对手把你打造品牌的能力学去。迈克尔·波特说，如果你只看到少部分的优势，你几乎很快就会被模仿的；相对地，你应该依靠整合企业价值链以衍生这样的优势。如此一来，建立价值链的特色，将使模仿变得非常困难，竞争者不是要模仿一个特色，而是要模仿整个价值链的特色。如果你定位在价格竞争，你得将低成本政策贯彻于你企业的整体，而非只有在制造生产的部分；服务、行销，任何政策都必须符合低成本的原则。为何打造品牌时整合如此重要？因为整合会带来竞争优势，也会让模仿变得非常不容易。

通过企业价值链系统的共同参与，协同各方面的力量以打造强势品牌，这应该成为一个公司开展各项工作的指导方向，它是一个不可或缺的工作法则，忽视了这一点的企业通常很难在品牌打造上有所建树。太多的企业家以为，只要回答了"营销方案是否具有战略意向""营销队伍是否高效""客户群体是否稳定""客户们是否忠诚"这样一些问题就能打造出企业品牌影响力。很显然这是偏向于市场部门的品牌建构思想，可是如果缺少了其他部门如生产部门、研发部门、行政部门，甚至是人力资源部门、财务部门的支持，以上所说的工作不可能完成，企业的品牌竞争力也无法全面形成。

第三，品牌的打造离不开系统化的创新，著名经济学家厉以宁认为可以助力于打造品牌的创新系统应该包括技术创新、管理创新、营销创新和服务创新四个方面。

第四，企业品牌打造需要明确的战略导向，如果用一句话概括这个导向就是，一家公司是否在竞争战略的指导下培育了持续的竞争优势。很明显，这种持续的竞争优势是以顾客的需求作为导向的，而一个成熟的企业会重视顾客三种类型的需求，它们分别是差异化需求、优质化需求和引导性需求。

传统意义上的"人无我有"所追求的是"特色发展战略"，它是应该受到大力提倡的一种原创性发展理念，因此而生成的战略类型到什么时候都不会过时，而且一定要成为各家公司努力的方向，它可以因为满足了顾客的差异化需求而赢得更多的细分市场。

"人强我优"是跟随"人我无有"的提升战略。在现代社会，很难见到一家独大或者一枝独秀的企业，每当一种商业模式被创造出来以后，瞬间便会吸引大量的跟随者，我们国家现在发展势头最猛的几个互联网头部企业，如阿里巴巴、腾讯、京东、拼多多、字节跳动等，都是模仿美国同类领域先行企业而成立的，但这并不代表它们就发展不过自己的老师。人强我亦强，甚至是人强我更优，如此所建构的战略类型可以称之为优势发展战略。优势发展战略可以满足顾客的优质化需求，当一家公司可以给予顾客他们所想要的最好的产品或服务时，就没有人再看那个先行者是谁。

"人优我变"是"人强我优"2.0版本，因它而形成的战略类型是超前发展战略，这种战略并不要求极致化地发展，它只要求对细节给予充分关注。超前关注细节，或者关注到了细节在顾客需要上的变化时，企业就可以借此"引导"顾客的需求，从而建立自己的品牌优势，将竞争对手远远地抛在后面。

以上三种需求引导的企业发展战略所遵循的是"顾客价值导向"的品牌竞争法则。为此，著名女企业家王雪红曾经在中央电视台接受采访时说："做企业要考虑你的企业能够给予顾客什么样的价值，一定是给予顾客他所需要的甚至是高于他所需要的价值；做人要考虑你能够给予周边的人什么样的价值，一定是给予他们最好的价值，不求回报的价值。"这既是企业经营的哲学，也是为人处世的道理。借用老子和孙子的思想，就是"将欲取之，必先予之"。有此思想作为指导，就不愁打造不出强大的企业品牌，企业经营成功与可持续发展会变成自然而然的事情。

四、员工是品牌打造的主力

从某种意义上说，企业如何看待品牌是一回事，而员工如何看待品牌是另外一回事。企业的设想通常是好的，而员工的思想却未必能够与之同步。如果一家公司是处于这样一种状态下，那就说明这家公司在企业文化和绩效管理两个方面存在问题。换句话说，企业打造品牌离不开两个方面的力量，一个方面是领导者的决策认知，另一个方面是员工们的认知跟随及其有效执行。

领导者的决策认知不能错，正如前面我们分析的那样，如果企业家及其决策团队没有真正领悟到品牌形成的逻辑及其内生动力，企业就不可能打造出具备一定影响力的品牌，公司运营也不会找到真正适用的战略类型。

员工们的认知必须跟得上而且还要真正动起来，为了实现这样一个状态，除了在绩效管理方面给予员工们承诺和具体的收益以外，还必须强化员工们的学习，以全面地提升他们的认知以使其与企业家们的认知相匹配。

下面就看一下鑫光正的员工们是如何认知这一话题的，以及在他们身边又发生过哪些相关的故事。

展飞认为，鑫光正在品牌美誉度方面的要求是很高的，而鑫光正的员工们也因此在开拓业务时感受到了由此生成的便利。展飞说，经过多年的积累，我们在业界获得了良好的口碑，这为我们开展工作提供了便利条件。此外，在感知到了这种好处以后，我们所有人在日常工作中对品牌美誉度的打造都是认真的，已经将之视为常规工作来做。我们深信，只有我们的品牌影响力足够大，我们才能够让客户更认可，才能够赢得更多客户的信任，而获得了大量客户的支持以后，我们的路才会更好走。多年来，我们只要提起鑫光正，在圈内大家往往都是竖大拇指的，这让我们很高兴。很多人会说，你们鑫光正挣钱多、效益好、工资发放及时等，每次听到这些，我们都能感觉到他们满满的羡慕之情。但是他们不知道，为了这样的好名声，我们付出了多少，这样的品牌美誉度不是凭空得来的，它是我们多年打造和多年积累的结果。

卢杰认为，品牌是企业最宝贵的财富，而且品牌建设不是朝夕就能做到的事情，它一定要经过时间的沉淀。相反地，要毁掉一个品牌可远比建设一个品牌容易得多，有时候，一句话、一个举动或者一件事情就足以毁掉一个品牌。所以，无论是公司对外展示的业务窗口，还是公司的每一个员工，都要小心谨慎，绝对不能乱讲话，绝对不能乱承诺，一定要说到做到，尽自己所有的力量在自己的本职岗位上共同打造公司的美誉度，以此维护来之不易的品牌建设成果。同时，大家应该牢记，如果公司的品牌受到了损害，那么跟着吃亏的一定是员工，所以必须要爱护我们的羽毛。

李秀涛认为，品牌的出现是社会对某个产品价值的认可，是这家公司企业文化和核心能力的具体表现，就好比格力空调、海尔冰箱、海信电视、澳柯玛冷柜等，它们都代表了行业内品牌价值的最高认可水平。这些品牌共同的特点很多，但是最为重要的一个还是品质优良，通俗点说就是"质量好、用不坏"。与它们一样，鑫光正的品牌也有其自身的影响力，它代表的是鑫光正钢结构全屋系统和鑫光正牧业全屋系统两大系列产品，品牌中也包含着公司的企业文化，主要体现的是服务、品质、诚信和责任等企业价值观。从现阶段来看，鑫光正品牌主打的是中、高端产品，自品牌建设至今，在行业内已经形成了良好的口碑，产品已经出口到120多个国家和地区。在国内，鑫光正与中建、中铁、中集、新希望六合、牧原、温氏、海尔、海信等"中字号"和大型上市企业进行了合作，这些都体现出了市场对鑫光正品牌的认可。李秀涛说，社会越是认可我们的品牌，我们就越要重视品牌建设，绝不允许出现伤害品牌的行为。通过品牌建设和品牌魅力推动项目成交，可以让我们的企业发展得更快更好。

李秀涛举了一个例子：因为材料销售是没有质保金的，所以有些国际客户就会担心出现产品质量问题以后能否得到妥善解决。而李秀涛对他们承诺的是，你只要买了鑫光正的产品，就不用担心售后问题，见到鑫光正的品牌，就代表着我们会负起相应的责任，只要认定是我们产品的问题，我们绝对不会找任何借口去推诿。以某个合作了10多年的客户为例，我们在与其合作一个汽车检测厂项目的时候，因为工人的工作疏忽，看错了尺寸，导致檐沟在现场无法安装，客户不得不在现场进行整改。对于这种质量问题，我们的解决办法就是积极配合客户提供解决方案，并承担因整改所产生的一切费用。这样做虽然会给企业造成一些损失，但是我们维护了客户的利益，同时也维护了品牌的声誉，客户不但没有埋怨我们，反而更加坚定了与我们保持合作的信心。如果不是这样处理，那么就一定会伤害到企业品牌，并永久地失去这个客户，如果这样的事情发生了，那么是无论如何也不可能用金钱来弥补的。

赵志刚说，公司一直致力于打造美誉度和信誉度，经过多年的努力，鑫光正这个品牌在青岛地区乃至国际上都很有名气。赵志刚还说，一个好的企业必须要有好的口碑，而企业口碑的打造必须在日常工作中体现，需要全体员工共同维护。只有企业的美誉度和信誉度越来越高，才能吸引更多的客户，才能有更多的项目可以经营，企业也因此可以获得更多的发展资源并且会发展得越来越好。

在工程公司办公楼整个二楼的墙上挂满了各式锦旗，这些全是与工程公司合作的客户、甲方及监管部门客户赠送的。在这些年的发展过程中，因为工程公司在项目整体管控方面做得到位，做得用心，所以每个项目都会收到客户赠予的感谢信、表扬信及锦旗，这既体现了工程公司的影响力，也体现了客户及相关部门对鑫光正这一品牌的认可。而有了客户的认可和认同，公司才能有更大的发展空间。赵志刚说，为了公司更好地发展，上至领导下至普通员工，都必须十分关注维护公司信誉度和美誉度的工作，谁也不能在这个方面犯错误。

孙云霞认为，鑫光正一直致力于打造公司的美誉度、信誉度，经过多年诚实守信的积累，鑫光正已经获得了广泛的好评，在业内树立了很好的口碑。为了打造属于自己的优秀品牌，在业务操作过程中，光正人始终坚持品牌就是一切的理念，从来不屑于通过非正当手段获得业务。因为一切有损于企业的行为，最后都会伤害企业的品牌与质量，并且最终会影响到每一名员工的收益。

尹增竹认为，论品牌就是指人无论做什么事情都要坚守正道，企业无论做什么业务都不能投机取巧，不能因为盲目追求利益而降低产品质量或偷工减料。尹增竹说，在实际项目成交的过程中，每个客户最担心的其实就是质量问题和信誉问题。为了让客户放心，我们在对待每一个项目时都会做到表里如一，最初怎么给客户报价，拟用什么材料，最终就会执行什么价格，使用什么材料，绝对不会因为任何原因随便改动，即使成交后出现市场变化、成本上升、收益减少的情况，也不会改变。每当客户担心质量问题，质疑我们可能以次充好时，我们都敢拍着胸脯承诺我们的质量，并且让他们参观我们的项目，参观我们的工厂，检查我们的产品，并保证他的项目质量一定跟他参观所见到的完全一样。如此掷地有声的话往往会让客户深信不疑，并且因为我们的实际行动而大为叹服，我们也因此获得了更多的客户，而这就是品牌的力量。我们每年续单、转介绍的项目可以占到总成交量的80%以上，这足以说明我们的品牌力量是强大的，我们的品牌绝对是可以信得过的，这也是我们努力打造的立足之本和发展之根，绝对不会动摇。

韩守强做过鑫光正的人力资源部长，他认为每一名员工都应该代表公司的品牌形象。为此，他在任职人力资源部长时，总是按照对待贵客的态度来接待每一位来访者。韩守强坚持到公司大门口去迎接参加面试的每一位应聘人员，并在面试中向其宣讲公司的品牌文化和发展理念，努力让和公司相匹配的应聘成功者成为公司的一员，没应聘成功的人员可以成为公司的客户。他坚持将每一位来访者送到公司门口，用车将交通不便的应聘人员远的送到车站、近的送回家，努力使每一位应聘人员都能够对鑫光正留下美好的印象。

韩守强举了一个例子：有一次在引领一位新人时，他顺手弯腰在公司院里捡起一张纸片，事过以后他就忘记了，但是后来在闲谈中了解到，当这位新人回家和家人说起这件事的时候，家人因此而劝她选择鑫光正，说鑫光正是一家有文化、有道德底蕴的企业，在这样的公司工作是人生中的幸事。就这样，无意中的一个动作，竟然为公司招来一名优秀员工。也是这样的习惯之举，有力地宣传了公司的品牌力量。

张明明认为，企业的每一个元素、所做的每一件事情都是在围绕品牌展开的，像西门子冰箱、奔驰汽车、格力电器等这些家喻户晓的知名品牌，它们像烙印在人的大脑中一样，每当你想到它们时，第一反应就是品质高、性能好。而鑫光正要做的也是这样的品牌，所以"光正人要永远不浮躁，永远不做伤害品牌的行为。树品牌，走正道"。正是在这样的品牌意识的引导下，鑫光正已经由一个小小的作坊式工厂，一举发展成为目前拥有过百个国外市场的世界品牌，它的成功靠的就是工匠精神铸就的品牌影响力。张明明说，品牌的价值远远大于一时销量的高低表现，真正靠实力做起来的品牌，是不会在乎一时的销量的，它们所看重的永远是品牌在客户心中的地位。2020年，鑫光正牧业参与了新希望六和在平度市的投标，同期还有两家竞争力和品牌实力都较强的友商参与，最终鑫光正牧业成功中标，甲方给出的理由是，我们相信鑫光正这个牌子，更欣赏鑫光正员工身上所表现出的积极向上和努力进取的态度。

沈承国认为，鑫光正的员工之所以有着强烈的文化自信，是源自鑫光正的企业文化是符合社会发展趋势的，是与国内杰出企业文化趋同的，是有利于企业履行社会责任的。在鑫光正内部，大家早早地就认识到了，品牌的建设是为了更好地推动文化传承，领先的文化是品牌建设的先决条件，为此必须注重企业文化的建设和应用。沈承国说，在当今社会，品牌的重要性不言而喻，随着社会的进步、先进设备的普及和技术的革新必然会引起产品的同质化问题，在这种情况下，个性化定制必然会成为新的需求导向，为了响应这种导向，具有个性化特质的品牌建设就更为重要。

沈承国说，在我们的合作伙伴中，在项目施工周期和质量要求严格的时候，大多数人一定会想到鑫光正，而之所以会出现这种情况，是源于海信物流园26天建设40000平方米的"光正速度"，这次成功的案例为我们在行业中赢得了口碑，再加上后来一次又一次的突破，为我们赢得了更多的美誉度。根据这个例子可知，是越来越多的"光正速度"铸就了光正品牌，而光正品牌又为我们赢得了更多可以验证"光正速度"的机会。

孙洪亮认为，品牌是一种识别标志，是一种精神象征，是一家企业最宝贵的财富，也是最能代表一家企业的明信片。鑫光正一直坚定不移地在进行品牌建设，为此光正人一定要脚踏实地，不浮躁，为企业品牌建立尽自己最大的努力。

五、理解与感悟

但凡有志向的企业家，都希望做出令世人瞩目的品牌，而且众多的优秀企业家也打造出了延续几十年甚至几百年的知名品牌，回顾一下这些企业家的成功之路，再结合"光正十二论"之论品牌的内涵，可以做以下几点思考：

（1）因为品牌是企业最宝贵的财富，所以企业家及其团队需要具备强烈的品牌意识，而且必须十分珍爱自己的羽毛，这是企业打造优秀品牌的前提。同时，多数优秀的企业家，如任正非、董明珠、曹德旺等，他们对于品牌、对于自己所打造的企业都有一种近乎偏执的热爱，而这种热爱如果能够向员工传递，便可以形成打造知名品牌的强大动力。

（2）打造优秀的品牌需要练好内功，要从内部做起，并且永远不要浮躁。这里所说的内功包括投入人力和财力做研发，关注整个生产环节，为客户提供优质的产品或者卓越的服务，财务系统、行政系统、人力系统、营销系统、物流系统、售后服务系统等都要保持高效。对比一下华为、格力与滴滴、瑞幸咖啡这四家企业，便可以对此有深刻的理解。华为与格力的品牌影响力和号召力是几十年的发展而形成的，这期间投入了大量的人才和经费在做研发，整个公司的员工都在为打造和维护自己的品牌产品而努力，企业管理系统不仅高效，而且还由此催生出了优秀的企业文化。如此，这两家企业打造出了世界闻名的品牌，并为未来长足的发展打下了坚实的基础。网易公司的创始人丁磊曾经如此评价华为，他说，华为的能力是真枪实弹的能力。试想一下，如果不是通过狠练"内功"而生成这种真枪实弹的能力，华为怎么会让世界头号强国如此害怕，又拿什么为国人争光。再看一下滴滴的成功，它的起步不是修炼"内功"，而是"做外功"，找钱、烧钱、企业大咖们参与、利用出租车司机圈粉、大量地补贴用户，然后飞速地成长。瑞幸咖啡差不多也采用了同样的发展模式极速扩张。如此打造品牌是可以一时获得成功，但是从长远看却存着不可回避的问题，那就是内部管理跟不上，企业运营会不断出现漏洞，企业经营会存在着大量的风险。事实亦是如此，滴滴顺风车出事了，一停就是 18 个月；瑞幸咖啡爆雷了，一个财务造假使其股票大跌，创始人一时间十分被动。一家优秀的企业或者一个优秀的管理团队最大的优点不是他们想出了做什么，而是知道问题出现了以后应该如何快速补救。关于这一点，滴滴做到了，现在的滴滴已经知道从内部提升功力的重要性了，所以他们痛定思痛，狠练内功，强化管理，回归品牌本质，于是慢慢地恢复了元气，继续雄霸网约车头把交椅。因为滴滴在管理上的疏漏，曾经给很多其他二线网约车企业大量的发展机会，市场上也出现了大量的希望替代滴滴的公司，诸如 T3、首汽约车、如祺出行、高德、美团、曹操出行、嘀嗒、万顺叫车等。这些二线网约车公司虽然在集体发力，想要集体反攻滴滴，但是它们成功的可能性很小，因为现在的滴滴已经不是那个只会烧钱搞补贴而不知道强化内功的玩家了，他们已经走在了强化内部约束、确保客户安全、积极建立多层级服务保障系统的正道上。其他企业想要打败它，也必须从提供优质的服务做起，也必须要回归企业经营的本真去努力。

（3）打造企业品牌虽然要以练内功为主，但是强化外功也很重要。要想持久地做品牌，强化外功所指向的对象应该是客户，而不是宣传。如何对待客户，道理其实很简单，即让客户满意，以顾客为中心，设身处地地为客户着想，尽量满足客户当下所需，甚至超越客户期望等。这些方法经过多年时间和无数企业的验证，一定是有效的。但是在很多企业那里却又失效了，这是为什么呢？因为缺少了情感，缺少了真诚，缺少了规范，缺少了信用。看一下前面鑫光正的员工们所举案例便可以说明这个道理。对于客户，要以真心相待，要将其视为朋友，要付出时间，要投入真情实感，而不是要强化营销手段。当你赢得了客户的心，那就是获得了他们的信任、喜欢、好感甚至是喜爱。有了这样的客户，他们真心希望与你合作，你就不愁不会成功；有了众多这样的客户与你的企业"同频共振"，你的公司想不变得伟大都会非常困难。

（4）企业要坚定不移地进行品牌建设，对于任何有损于企业品牌的人和事情都要持"零容忍"的态度，上至企业家、高层管理团队，下至基层管理人员、每一名员工都永远不能做伤害品牌的行为。一旦发生了伤害企业品牌的事情，必须马上补救，一定要真诚地向客户和社会道歉，并用最大的诚意去解决问题，不推、不拖、不找借口。

（5）做品牌之前要选品牌，选品牌要坚持走正道，不搞旁门左道，要相信人间有普世的价值观，不能唯利是图，不能急功近利。如果选择了正道，便可以一直走下去；如果选择了歪门邪道，终将无路可走。放高利贷、搞传销、进行电信诈骗、带货主播卖假货，是可以赚到钱的，甚至可以赚很多钱，但结果是什么，能长久吗？

第十章

论执行

一、论执行的内容

"光正十二论"之"论执行"的内容如下：

● "不在制度面前讲情面""不在原则面前讲关系""不争论，去执行""听话照做，一切行动听指挥""服从就是最好的执行"是我们团队纪律的刚性要求。

●我们痛恨执行中的报喜不报忧。

●下级服从上级，是对职务的尊重。服从调动、服从全局、服从命令、服从批评、服从管理，不仅是军队作风，也是科学的管理理念。

二、执行与文化

"论执行"不是企业文化的内容，但是却与企业文化关系最为密切，它甚至决定着一家公司的企业文化是"真文化"还是"伪文化"，一家公司是真强大，还是外强中干，徒有其表。

关于这一点，孙炯光董事长认为，"真文化"一定是管用的和在执行的企业文化，只有在执行中它才能闪耀光芒；"伪文化"只是用来说说而已却未必去做，即使它被描述得很漂亮，然后挂到墙上，印在纸上，如此也只不过是让外人多看两眼，无法从根本上指导企业员工的行为。

从本质上说，企业文化是一种软约束，而执行力是一种刚性要求，执行力伴随着企业文化一起发力，才能达成刚柔并济的效果，才能克服企业文化中软约束失效的问题，才能共同打造出企业可以持久存在的核心竞争力。

为了打造真正管用的企业文化，就要强化执行力，就要减少办公室政治，就要避免人情关系和人为因素，同时还要把军事化的管理理念引入公司，借助它们可以强化企业的整体执行力度。

为了强化公司的执行力，还要系统化地建构企业的绩效管理体系，一定要让执行力强大的人比执行力弱小的人有更多的收益，一定要让执行不到位的人在利益上受到很大的损失，而让总是执行到位的人可以获得更多的发展机会和更大的资源支持。执行也可以，不执行也可以，执行得好也可以，执行得不好也可以，这种风气不可长，必须要在这件事情上体现奖罚分明的原则，并且一定要拿出可以量化的奖惩措施。关于企业文化与绩效管理之间关系等方面的内容，可参考笔者与孙炯光董事长合著的《4S 企业文化与 7P 绩效管理及其互动影响研究》一书。

三、如何执行

组织强大的执行力除了需要企业文化加以引导以外，还要依靠强力执行的制度和明确的行为准则加以推行，而且在这个过程中一定要坚持两大原则，即"不在制度面前讲情面""不在原则面前讲关系"。如果在制度面前讲情面，那么制度就会流于形式，就会失效，就会成为一种摆设。如果在原则面前讲关系，就会失去公平、公正和客观的立场，就会失去员工们的信任，就会损害企业的声誉，就会让外人嘲笑企业的管理水平和管理能力。当这两大原则都被破坏以后，员工们的工作情绪就会低落，工作状态就会形如散沙，执行效率就会一落千丈，各项工作就没有办法推进。

关于这方面的内容，可以参考一下英国石油公司的认知，即我们的《行为准则》指导我们如何正确做事，它可以帮助我们打造最强大的执行力。加拿大森科能源公司也有类似的表达，即在森科能源公司，健全的、合法的和道德的商业行为是公司可持续发展的根基。我们的价值观和信念使得我们坚持率先垂范道德做事的承诺。为实现此承诺，公司将为所有员工和合同工提供详细的商业行为标准政策指导。

为了强化公司的执行力，世界著名企业摩根大通更是一口气为员工们制定了 20 条行为原则，分别是：①我们以客户为中心；②重视基层驱动、顾客驱动和低姿态服务；③努力建立世界一流的分支机构，进行长期投资，努力为顾客服务；④建立最高水平的绩效标准；⑤严格金融要求和风险管理纪律；⑥努力建构最好的内部管理和控制；⑦像主人和伙伴一样思考和行动；⑧努力建构最好的和最有效率的制度和运营体系；⑨严格遵守纪律；⑩以技术能力和紧迫感保证高效地执行；⑪绝不放弃诚实；⑫尊重事实；⑬保持刚毅；⑭培育一种尊敬、包容、人性和谦逊的企业环境；⑮帮助我们工作和生活在其中的社区不断壮大；⑯吸纳、培训和留住伟大的、多样化的员工；⑰建立团队，重视忠诚和道义；⑱建立开放的环境，让每一个人都成为创业精英；⑲诚实、清楚且前后一致地进行交流；⑳努力培养优秀的领导。

借助行为准则可以强化执行力，当行为准则非常合理、非常清楚、非常易懂、非常符合工作内容的时候，员工们只要努力去做就好，"不争论，去执行"，"听话照做，一切行动听指挥"，"服从就是最好的执行"，这些都可以成为刚性要求。

另外还有一个刚性要求是，执行的工作内容以及工作程序都必须具有真实性，报喜不报忧以骗取奖励，或者报忧不报喜以骗取更大资源的支持，这些行为都不应该被鼓励和被姑息。如果纵容这类事情发生，那么企业决策者就会决策失真，就无法形成正确的判断，企业的资源配置就会失效，就无法充分发挥它们应有的作用。

此外，服从命令和指挥也是高效执行的一部分，"下级服从上级，是对职务的尊重。服从调动、服从全局、服从命令、服从批评、服从管理，不仅是军队作风，也是科学的管理理念"。

既然提出要服从命令和指挥，那么也要对发出命令与指令的人提出要求，即明确团队负责人的职责权限和能力标准。只有店长有能力，肯于承担责任，他所发出的指令和命令店员才愿意服从。如果希望团队执行力强大，那就要求团队负责人带头执行，而且还要求他们必须具备执行的能力。华为在最初强化执行力时，提出了 10% 的末位淘汰机制，可是每年因此被淘汰的都是员工，制度执行了几年也没见到工作效率有太大的提升。在这之后，任正非就此做出了调整，把 10% 的淘汰比例用在了管理人员身上，这下效果立马就显现出来了，执行效率得到了大幅度的提升。华为的例子说明，要强化执行力，必须首先强化各层级领导的工作态度和工作能力。为此，董明珠曾经说过一句十分精辟的话，即拿掉 1 个干部，比拿下 100 个员工都管用。

四、执行在员工

与决策力由领导者掌握相比，执行力自然应该落到所有员工的身上。员工们执行到位，工作踏实有方法，则企业的执行力就强大；员工们工作态度不端正，思想很涣散，工作不讲方法，则企业的执行力就弱，各种决策在执行的过程中就会大打折扣。

以下是鑫光正的员工对于这个问题的看法以及他们的一些做法。

展飞认为，执行力在鑫光正是自上而下的要求，每个人按照要求去做，久则成为了习惯。展飞说，我们的大多数员工都能够很好地去执行集团公司所下达的各项指令，比如应收款项的催收工作，以及集团安排的各类具体事务等，我们作为子公司都能够在第一时间去执行并且可以很好地完成。有人说我们做到了能够紧跟集团公司的发展，在不断进步，展飞认为这主要得益于我们绝无二心的服从和执行。

执行力建设也是一个循序渐进的过程，它不是一下子就能到位的，对此展飞举了一个例子：在做第一个国际项目时，由于刚开始带人，展飞把这个项目交到了现在下属子公司负责人老王的手中，由于也是刚开始做，所以老王在跟进方面做得很差。当展飞向他询问项目进行情况的时候，发现老王基本没有跟进，所以当时就拍了桌子，表明了态度。老王见展飞对待执行如此认真，对于下属的执行要求也非常严格，于是立即行动起来，全力开展工作。自那以后，老王的所有项目展飞基本上没有再操过心。至此，所有员工都已经养成了这样的一个习惯，那就是一切行动服从安排，一行工作听从指挥，安排了就做，指令发出了就要执行，绝对不能拖。这也是鑫光正华洋公司现在的战斗力很强的主要原因。

卢杰认为，执行力就是贯彻战略意图和完成预定目标的落地能力，它可以将战略、思想、规划和目标转化为具体的效益和成果。对团队来说，执行力就是战斗力；对个人来说，执行力就是办事能力。"不争论，去执行，服从就是最好的执行，是我们团队纪律的刚性要求"，这些所体现的就是鑫光正的执行力和战斗力。卢杰说，为什么军队给人震撼的感觉，那是因为他们有铁一般的纪律，步调一致，服从全局，服从命令，服从管理，所以能震撼到我们。能够震撼到我们，当然值得我们去学习，正所谓人心齐泰山移，这既是团队的力量，也是执行力强的体现，一声口令下来，一切行动听指挥，必定会"泰山移"。

卢杰举了这样一个案例：在做新西兰仓库项目时，由于原技术人员没有做过此类型业务，所以感觉困难很大。但是通过沟通，卓达公司技术人员崔文娟在内部技术服务任务已然很重的情况下，毅然接手了该项目，并对客户提出的问题及时反馈且给予建议，通过不断地努力协助各方促进了项目的最终成交。同时，为了保证既定的技术服务时效，也为了配合杨路路经理的项目进度，崔文娟每天晚上都会加班赶进度，在承诺的时间内不仅保质保量地完成了施工图的绘制，而且出色地完成了同期其他技术服务，保证了各个项目的进展和成果的有效性。从表面上看，崔文娟是在做本职工作，可是从根本上看，她是在用实际行动践行"真文化"，如此执行就是在努力让客户更幸福，这样做就是在为企业更持久的发展贡献自己的那一份力量。

李秀涛认为，企业要想高效地发展，关键就在于强化自上到下的执行力。关于执行力，李秀涛谈了一些自己的观点，包括执行需要有明确的目标、详细的计划、合理的流程和验收检查标准。为了打造强大的执行力，首先需要员工认可公司的企业文化，做到思想统一，上下同欲，同频共振，这样在执行的时候才不会形成对抗，从而消耗彼此。一个执行力强的员工或团队往往会主动工作，他们不需要领导者每天督促、检查，而会自发地去完成工作任务。能够主动执行的员工往往不仅是为了工作而工作，而是为了更好、更快地完成工作在不断地寻找、优化工作的方式和方法，以提高工作效率。这样的员工通常都是团队中的优秀工作者，而我们需要的就是这种有执行力的资产型员工。另外，良好的执行力还需要管理者有效的指挥和言传身教，管理者所具备的能力是成为一个优秀管理者的关键。没有经过实践检验的管理者很难让下面的员工信服，所以管理者要想对自己所管理的工作做到全局掌握，就需要知道这项工作的完成标准、所要付出的时间成本和劳动成本，以及应该采用什么样的方式、方法。在工作执行完毕后要对完成结果进行验收，好的发扬光大，差的及时纠偏。

在强化执行力的方法上，李秀涛举了一个例子，即鑫光正所采用的红黑档案管理机制，这种机制可以协助企业进行日常工作的管理，具体做法是：团队工作中的先进工作者、岗位标兵和突出贡献者都会被记录在红档案；反之，工作执行不力的、岗位评定落后的和损害企业利益的都会被记录在黑档案，这起到了工作的验收和督促作用，也成为企业评选年度优秀团队和个人的标准。同时，这种机制能够激励优秀工作者不断创新、创优，也可以震慑落后的工作者不敢懈怠本职工作，从而有效地提高了员工的执行力。

赵志刚认为，没有规矩不成方圆，一家企业要想有更好更大的发展，首先应该制定完善运营制度和工作流程，并让所有员工学习且在工作中认真执行。赵志刚说，只有建立了好的制度流程，企业才能有更好的发展，才能更好地与外部伙伴合作，日常工作才能正常且高效地开展。

从工程公司的角度看，日常行为的管理是制度流程执行力的体现，公司所有员工都要推动"真文化""真流程""真制度"的践行，从而做到去伪存真，以将企业文化融入日常行为，并在公司愿景、使命和价值观的引领下积极有力地开展工作。对于合作队伍，同样要求他们必须遵守公司的制度流程，诸如人员进场前需要为工人购买保险，要保证安全管控，要执行工程整体管理流程，要参加晨会，要服从公司所制定的相关规定，等等。

此外，赵志刚对于自己的要求是，作为一名集团高级管理者更要执行并跟随集团的决定，要在思想上和行为上与董事长保持一致并不断地提升自己的能力。

关于执行力的表现，孙云霞举了一个例子：2018 年 11 月，公司安排她接手了陕西一个猪场项目。这个项目因为前业务经理未做好工程管控，已经引致了客户的不信任，这对公司来说在信誉上是一个重大损失。为此，重新续单后董事长非常重视，要求她全程参与。深夜接到通知后，孙云霞马上与各车间及采购等相关人员逐项落实进度，从原材料进场时间，到生产所需加工周期，再到发货，事无巨细。当所有的工作一一落实好后，第二天她们就整理出一份详细的工期表提交给甲方，并承诺一定按计划执行。之后，在团队成员的努力下，这一项目历时 6 个月顺利交工，工程质量及工期均超出了客户预期。2020 年 9 月底，客户又追加了 2300 万元的合同，并且达成了长期战略合作意向。孙云霞说，现在回头看这件事情，就能看到强大的执行力可以产生的效果。

尹增竹认为，鑫光正提出的"三化"管理，即军事化、学校化、家庭化，它们不仅是公司的管理目标，而且也应该是一个人终生需要做到的事情。

做人首先应该以准军人的标准来要求自己，要学习军人那种以服从命令和无条件执行任务为使命的作风。中国军人遵守纪律，有政治觉悟，有牺牲精神，能牺牲小我而成就集体。中国军人有过硬的专业军事素养和强健的体魄，有忠诚、可靠、坚韧不拔、永不屈服的品质。中国军人身上所具备的这些特点，都值得企业人学习。

做人要树立终生学习的目标，不要以为学校毕业以后就可以将书本束之高阁永不再用。其实，走出校门不是学习的结束，而加入企业后应该是更广泛和更自主学习的开始，并要学以致用。优秀的企业是一个平台，是一个可以学以致用的平台，一个让人可以全面完善的平台，一个可以让人施展才能的平台，一个可以帮助个人实现人生价值的平台。每个人都需要从头学起，在企业这个学校里和社会这个大学中一点点积累，慢慢成才。此时要学的是，学习如何做人，学习如何做事，学习如何服务，学习如何管理。

如何做才能提升个人的执行力，对此不同的人会有不同的看法，尹增竹举了一个例子：工程师杜广昌是公司老员工，他始终具有强大的执行力，一直能够保证完成技术工作，而且经常加班加点，自己就支撑起部门每年几千万元业务量的技术工作。杜广昌是这样理解执行力的：第一，充足的睡眠和健康的身体。之所以提起这个充足的睡眠和健康的身体，是因为精神和健康直接影响着执行效率，睡眠不足会严重影响第二天的工作状态，所以，要有好的执行力，首先应该保持足够的精力。第二，计划和执行力的关系。计划是执行力的导航地图，一个项目执行到了什么程度都要靠之前的计划来测定，所以，执行之前一定要有完善的计划。这个计划可以是长期的，也可以是短期的，但无论是长期计划还是短期计划都要标上时效。第三，信心与执行力的关系。公司每天的晨会，大家都会一起学习，对昨天的工作做一个总结，对当天的工作做一个规划。开会时，大家一起唱司歌，那种气势真是振奋人心，能给人一天的信心去完成当前的事情，这样的活动更有助于提高执行效率。

谈及执行力，时任生产部长韩守强回忆了一件往事，2013 年 11 月 4 日 17 时 30 分，天色渐暗，他接到了董事长的电话，要求他带队去烟台地区完成一项货物发运任务。这个项目较为复杂，而他又人生地不熟，并且与当事方配合不畅。但接到任务后，韩守强没有推诿找借口，而是一边了解项目情况，一边组织协调人员，并按照公司要求的时间到达了目标公司所在地。根据现场实际情况，为减少过程中的障碍因素，他直接找了两家当地最大规模的企业进行合作，只用两天时间就安全装完 17 车货物，他也和所带团队于当晚随着最后一车货物顺利返回公司。忆及此事，韩守强的感觉是，努力执行，认真执行，积极执行，不找借口，完成任务，事后你会有满满的成就感，而这样的成就感多了，你不就成功了吗？

张明明认为，制度面前本无情面可讲，原则面前本无关系可论，这是对一个规范运营的企业最基础性的管理要求。张明明说，在我看来，执行力是一个合格的员工应该具备的最基础的素质，它可以反映一个员工的能力和态度。工作做好了是最基本的要求；工作超额完成了是能力较强的表现；若工作超额完成了并愿意主动承接新的工作，那是执行力、态度、能力均为上等的标志，一家企业这样的员工越多，则企业的竞争力就会越强。你不用担心鑫光正的员工没有执行力，每当新人进入鑫光正以后，首先要做的第一件事情就是学习和理解"光正十二论"，如此把思想境界提升一个高度，则在今后的工作中就不会推诿、扯皮。

沈承国认为，论执行讲述的是对管理的敬畏，而不是管理上的官僚作风。此外，好的执行离不开好的决策，这其中的逻辑是，执行的前提是决策，决策之前是全员积极发表建设性意见，充分参与团队讨论；决策形成以后，无论个人是否有异议，都必须从言行上完全予以支持。

孙洪亮认为，对于个人而言，没有执行力则一切梦想、设想统统都只能是幻想和空想；对于团队而言，执行力就是战斗力，执行不力则战斗力就会被大大地削弱；对于企业而言，执行力就是企业一切活动的驱动力，没有了执行力则企业的战略终将难以实现。鑫光正一直可以做到"不在制度面前讲情面""不在原则面前讲关系"，服从就是最好的执行，这才是企业大步前进的主要原因。

五、理解与感悟

　　著名企业家牛根生曾经说过一句话，即战略是做正确的事情，战术是把事情做正确。我们在此借用这句话并稍加改造，即决策是做正确的事情，执行是把事情做正确。这就是对于决策和执行关系的一个基本描述。

　　怎样才能把执行做好，业界和学界提出了不下百种方法，而我们认为，方法固然重要，而把握这其中的道理更重要。道理通晓了以后，方法就会变得很容易。

　　为了把执行的道理说清楚，把决策与执行的关系说明白，我们在此可以引用韩非子的一篇相当精彩的小短文加以说明：

　　天有大命，人有大命。夫香美脆味，厚酒肥肉，甘口而疾形；曼理皓齿，说情而捐精。故去甚去泰，身乃无害。权不欲见，素无为也。事在四方，要在中央。圣人执要，四方来效。虚而待之，彼自以之。四海既藏，道阴见阳。左右既立，开门而当。勿变勿易，与二俱行。行之不已，是谓履理也。

　　这篇小短文的名字就叫作《事在四方，要在中央》，主要探讨内容有两个方面，一个方面是决策与执行的配合，即"事在四方，要在中央。圣人执要，四方来效"。另一个方面是如何强化执行的工作，即"勿变勿易，与二俱行。行之不已，是谓履理也"。

　　"事在四方"说的就是执行，"要在中央"说的就是决策，决策者只做决策的事情就够了，只要通过"圣人执要"把决策的事情做好，然后"四方"就会努力地去执行，基于"四方来效"属下就会做好他们的工作。其中，一个"要"字概括出了决策的关键，重点、集中、聚焦、精要都可以成为它的代名词；一个"事"字概括了执行的本质，执行者就是做事情，把事做好，执行的工作就算完成了，不论其他，也不用寻找借口。在这其中还内含着一个潜在的原理，即决策者不要过多地干涉执行的事情，因为这样既会分散决策者的注意力，而且还有可能束缚属下的积极性。刘强东在接受采访时曾经说过："不要以为我很强势，其实在公司内部事关执行的事情找我是没有什么用的，我的任务是做好公司的文化和战略，而无权参与执行过程中的细节工作。"

如何让"四方"乐于做事，如何让属下们用心做事，这需要强化两个方法，一个是奖励，另一个是惩罚，在这个小短文中，韩非子用了一个"二"字来表达这两个方法，并且从人性的角度出发诠释了为什么要这样做。

人性的本质是"需求"，把需求概括为四个字是"趋利避害"，基于这四个字可以拟定的能够强化执行的方针就是"明罚于前，重奖于后"。"明罚于前"，即把不应该做的事情讲出来，把做事情的标准提前定清楚，把不应该做却做了以及应该做却不做或者做不到位的处罚措施制定好，这样就会强化对于执行工作的引导和促进。"重奖于后"，即把事情做到位以后的奖励提出来，把可以做得更好的标准拟定清楚，把做与不做、做得好与做得差的评价细则非常具体地进行描述，属下（员工）们为了获得这些奖励，为了提高自己的收益，自然会因此而产生动力，自然会想把事情做好，当他们把事情都做好了，执行就到位了。

总之，如果把奖罚"二"法用活用透，则管理就会变得非常容易，这就是"与二俱行"。在"与二俱行"之前还有一个原则，那就是"勿变勿易"，制度、规则、标准、目标一经制定不要轻易改变，更不可言而无信，否则属下

（员工）就会变得无所适从，就会失去对于决策者和领导者的信任。

最好的管理就是没有管理，最好的执行就是主动执行，当奖罚的规则与执行的内容匹配以后，属下（员工）坚持做，天天做，年年做，最后达到了一种"随时在做，不用问为什么"的状况，做法就变成了履理，执行就变成了习惯，组织文化（企业文化）便形成了。这就叫作"行之不已，是谓履理也"，履理就是习惯，不知不觉"行之不已"所培养的习惯，是在规则引导下可以高效执行的好习惯。

一家企业如果培养了良好的做事习惯那么它就必然会拥有强大的执行力。

基于"事在四方，要在中央。圣人执要，四方来效"和"勿变勿易，与二俱行。行之不已，是谓履理也"这两句话要表达的思想，再加上我们的理解，可以概括出16个字以供有志于做好企业管理者进行参考，这16个字要表达四个方面的意思，即"及时决策，快速执行，团队协作，奖罚分明"。

有此16个字作为指导，则执行就不会难了。

第十一章

论学习

一、论学习的内容

"光正十二论"之"论学习"的内容如下：

唯有持续不断地学习才是我们最核心的竞争力。

一学做人，二学技能，三学服务，四学管理。

日学、周学、月学，这是我们不断提升的法宝。

没有直接借鉴的办法，学习是唯一的途径。

让学习成为一种信仰，把学习进行到底。

二、学习是进步的最好路径

一个善于学习的人容易成功，一个经常组织学习的企业必然会得到发展。无论什么时候，学习都是社会进步的第一推动要素。

谈及学习，孙炯光董事长认为，学习是进步的最好路径，从他个人的成长过程来看，是学习帮助他成就了企业现在的状态，把曾经一个规模不足千万级的小企业带入了十亿级的规模，并在向着百亿级企业迈进。

企业的进步没有直接借鉴的办法，而学习是唯一的途径，这一点尤其适用于立足县域发展的企业家们。通过学习，企业家们不仅可以获得管理企业的知识与经验，而且还可以敏感地感知外部环境的变化。在 20 多年的学习过程中，孙炯光董事长每年会拿出 20% 的时间"走出去"，走入教室，走入优秀的企业，走到国内大城市，走出国门。他认为，企业家必须以自己的行动证明学习的重要性，并要把在外面所学的内容带回企业与员工们分享，以帮助所有员工提升他们的个人竞争力。只有员工们都提升了个人竞争力，才能开发出好产品，才能维护好客户关系，才能知不足而求进步。

事实上，"光正十二论"正是一个多方学习的成果，它兼容并蓄了诸多优秀企业家的思想，也融入了很多成功企业的管理经验，并且经过了鑫光正自身发展的实战检验，最终才建构出如此系统化的理念体系。

三、四个学习

工作中的人其学习内容与在校学生不同，他们不是以学习知识为主，而是以学习技能、价值观、服务的方法、管理的经验、市场的判断、战略的定位、其他企业的成功之道等为主。

第一是学习做人。如果做人没学习明白，那么这样的员工将无法进入企业发展，已经进入企业的员工也要及早将之淘汰。

第二是学习技能。决策者学习决策的技能，领导者学习领导的技能，管理者学习管理的技能，市场工作人员学习市场开拓的技能，车间的工人学习操作的技能，行政部门学习服务的技能。无论是哪个级别的管理者，无论是从事什么工作的员工，都必须学习技能，不学习技能，只学习理念、理论和思想，那么这个人就会飘浮在空中，落不了地。落不了地的思想、理念、信仰都是空中楼阁，没有什么实实在在的用处。

第三是学习服务，包括学习服务的意识、服务的方法、服务的技巧、服务的价值所在等。关于服务的学习，不仅是对后勤和行政部门的要求，而且也是对所有管理部门的要求，服务无处不在，助人就是助己。

第四是学习管理。没有人天生就会管理，学习了管理专业知识的人如果缺少实战经验也未必能够管理好别人。从某种意义上说，学习管理是在服务意识引导下的个人提升，学习服务是为了更好地帮助和管理他人，这两者之间相辅相成。

四、最有效的学习方法

进入现代社会，学习的方法有很多种，学习的工具也有很多种，所以学有所成以至学有大成的人很多，他们个人非常成功，所领导的组织也因此取得了长足的发展。

学习的方法少了不好，方法少了人们没有选择的空间；学习的方法多了也不好，学习的方法多了会让人们不知道应该如何选择，最终可能会失去了坚持的心而没有收获学习的结果。无论学习的方法有多少种，学习的渠道有多么丰富，学习的道理却只有两种最适用。这两种道理其实就是学习的最为实用和最为基础的方法，从古代用到了今天，从不过时。这两种方法一是经常复习，二是必须思考。也就是说，经常复习与认真思考是最有效的学习方法。

（1）要想学习好，就必须经常复习，一本好书不是看一遍就能学会的，要反复阅读才能悟得其中道理。

关于这一点，孔子说得很明白："温故而知新，可以为师矣。"意思是复旧的知识而能产生新的见解，这样的人都可以做老师了。孔子又说："学而时习之，不亦说乎？有朋自远方来，不亦乐乎？人不知而不愠，不亦君子乎？"这句话的意思是：在学习的过程中经常复习，这不是一件很愉快的事情吗？有朋友从远方来到，这不是一件很快乐的事情吗？别人虽然不了解我，但我并不因此而恼怒，这不正是君子的作风吗？

孔子的学生之一曾参对此也有表述，他说："吾日三省吾身：为人谋而不忠乎？与朋友交而不信乎？传不习乎？"这句话的意思是：我每天都要经常反省自己，包括为别人办事是否尽心尽力了？与朋友交往是不是真诚守信了？对老师传授的学业是否认真复习了？

无论是孔子还是曾子，都是学有大成的人，他们对于学习的看法肯定是有道理的，这个道理很好理解，即经常复习，然后可以有知，并且还可以再求知。相反地，不经常复习，学一点忘一点，不如不学，白白浪费功夫。

（2）要想学习好，就必须经常思考，不思考而进行的学习等同于没有学习，以这样的态度去学习，也悟不出什么能够用于指导为人处世和做好企业的道理。

关于学习而不思考不如不学这一点，还是可以先看看孔子是怎么理解的，他说："学而不思则罔，思而不学则殆。"这句话的意思是说，只是学习而不思考，就会迷惘不解；只是思考而不学习，就会疑惑不定。所以，在学习的过程中要思考，在思考的同时还要学习，这才是正道。

关于学习而不思考不如不学这个道理，我们可以举一个例子加以说明：英国有一个人，他曾经是世界上私人藏书最多者。他不仅拥有这些藏书，而且还阅读了这些藏书。然而，他并没有为世人留下任何属于他自己的思想。因为他只是读书，而不思考，所以他没有任何创造。

在学习的过程中，通过思考而培养创造性的能力，是学习者应该追求的目标。对此，孔子说："不愤不启，不悱不发。举一隅不以三隅反，则不复也。"这句话的意思是：在教导学生时，不到他力求明白而未能明白的时候，我不去开导他；不到他想说却又说不出的时候，我不去启发他。给他指出一个方面，如果他不能由此推知其他三个方面，我就不再教他了。

举一反三就是一种在学习过程中思考以后获得的能力。它是一种可以真正改变自己和改变他人的创造力。没有这种因思考而得到的创造力，个人的学习就是失败的。没有这种因感悟而形成的创造力，企业经营就不会获得大的成功。

五、学习的对象

向谁学习是学习的一个重要问题。向书本学习，向老师学习，向社会学习，向实践学习，向优秀的同行学习，向竞争对手学习，向供应商学习，向股东学习，向合作伙伴学习，向顾客学习，这些都可以。

孔子认为学习对象应该是多元的，所以在《论语》中记有他的一句极其经典的话："三人行，必有我师焉；择其善者而从之，其不善者而改之。"这句话的意思是：三个人同行，其中一个人就可以做我的老师。我选择他的优点而学习效法，看到他的不足而借鉴改正。此外，孔子还说过："盖有不知而作之者，我无是也。多闻，择其善者而从之，多见而识之，知之次也。"这句话的意思是：大概有一种无知却喜欢凭空捏造的人吧，我没有这种毛病。多听，选取那些好的加以学习；多看，把看到的都记在心里。这样学得的知识，虽然比不上"生而知之"，但也是不错的方法了。

当然，尽管任何人都可以成为学习的对象，但更重要的还是向贤者学习，向优秀的企业家和掌握了企业经营之道的人学习，学习贤者的走正道，学习优秀者的成事之法。孔子说："见贤思齐焉，见不贤而内自省也。"意思是看见贤者，就想着向他看齐。看见不贤的人，就反省自己做得怎么样。孔子又说："君子食无求饱，居无求安，敏于事而慎于言，就有道而正焉，可谓好学也已。"意思是君子饮食不求饱足，居住不求安适，行事敏捷而言语谨慎，接近有道德有学问的人并向他学习，纠正自己的缺点，这可以称得上是好学了。

关于这一点，老子与孔子有相同的看法，老子说："故善人者，不善人之师；不善人者，善人之资。不贵其师，不爱其资，虽智大迷。是谓要妙。"这句话的意思是：所以善人可以作为恶人们的老师，不善人可以作为善人的借鉴。不尊重自己的老师，不爱惜他的借鉴使用，虽然自以为聪明，其实是大大的糊涂。这就是精深微妙的道理。

在中国论学习无人可出孔子其右，我们有着这样的先贤为师，还何愁不会学习。

六、学习给人力量

鑫光正的董事长孙炯光是一个爱学习的人，是学习帮助他成长，是学习帮助他的企业成功，是学习给了他自信和力量，并且帮助他坚定了打造世界级伟大公司的志向。俗话说，强将手下无弱兵，有什么样的领导便有什么样的员工，在他的影响和指导下，鑫光正很早就已经打造出了爱学习的企业文化，下面就看一下这些广泛受益于学习的员工们是如何从学习中获取力量的。

展飞认为，我们在社会上的发展其实就是在不断地学习的过程，只有通过不断地学习、实践、再学习、再实践，我们才能获取前进的力量，并且逐步走向成功。那些不愿意学习，想要不劳而获的人，慢慢地就会感觉力量不足，很难继续前行。

在鑫光正，展飞正是通过不断地学习、实践，才一步步地成长起来的。展飞记得刚来公司时，通过向现场项目经理和施工管理人员学习，学会了如何处理现场问题；向有经验的业务人员学习，慢慢地学会了驾驭业务的操作方法；向董事长学习，渐渐地掌握了一些管理理念和管理技巧；不间断地学习"光正十二论"的精神，才慢慢地在团队建设方面收获了心得。所以展飞说，我们都应该学习，学习如何做人，学习如何做事，学习如何服务，学习如何管理，然后才有可能把人做好，把事做明白，获得为他人服务的机会，有资格和能力去管理好自己的员工。

俗话说，"活到老，学到老"，卢杰坚信学习这件事无关年龄，一个人只要始终保持学习的能力和状态，常学常新，常新常学，就一定不会被淘汰。卢杰说，当你在学生时代的时候，觉得学习时间很长，学习过程很痛苦，可是现在回想起来，那段时光恰恰是人生中最轻松和最美好的日子。现如今明白了学习的道理以后，就更愿意主动去学习了，每一次学习都是在给自己添金，每一次所学的内容都是宝贵的财富，它们可以帮助你铸就独属于你自己的核心能力，有此能力你便可以安身立命且去追求成功。

在卢杰的团队中不乏肯学习的人，其中技术人员高伟就是一个例子。在做哥斯达黎加膜结构车棚项目时，客户最初只是想让卓达公司给建一个钢结构的车棚，可是考虑到客户的车棚是放在商场前面使用的，所以卓达公司技术人员高伟向客户推荐了膜结构车棚。因为膜结构具有建筑造型优美、简洁、明快、轻巧、美观、耐久年限长以及施工快的特点，所以客户也很喜欢，很快就认同了膜结构车棚方案。

可是卓达公司没有做过此类项目，高伟也没有设计过膜结构方案，所以只能寻找外面的专业膜结构厂家来设计和报价。在专业膜结构厂家把方案和报价发给卓达公司以后，虽然之前没有设计过膜结构这种形式，但是凭借着多年积累的结构设计经验，当看到厂家提供的方案时，高伟觉得其结构构件设计得偏小，应该无法满足项目的要求。为了打消这个顾虑，不给客户造成不必要的损失，高伟决定自己重新设计一下。说做就做，之后他就开始认真查阅各种设计资料和手册，一点点地开始建模和进行结构计算，功夫不负有心人，通过持续地学习和修改，最终高伟顺利地设计完成了这个膜结构车棚。对比高伟自己做的设计结果和膜结构厂家提供的设计结果，发现膜结构厂家设计的圆管柱和弯弧钢梁的规格都偏小，不能满足规范要求，所以最终跟膜结构厂家沟通后，还是完全按照卓达公司设计的结构规格来进行制作，如此最终为客户避免了不必要的设计风险，高伟也在膜结构设计方面有了新的突破和认识。这个例子充分地证明，唯有持续不断的学习才是个人成长和企业进步的核心竞争力，所以应该让学习成为一种信仰，并且一定要把学习进行到底。

李秀涛认为，学习是每一个人通向成功道路上的阶梯。李秀涛说，在工作生活中，随着企业的发展，我们的员工要时刻保持着学习的能力，这样才可以适应企业发展的需要。什么是优秀的员工？优秀的员工具备以下几个特点：各项工作的完成都要具有第一意识、冠军意识；可以不断设立目标，达成目标；愿意争创企业的工作楷模、岗位标兵；能够不断地提高个人的工作能力、管理水平；可以全面地提高个人竞争力，让自己不断升值；可以激情、务实地工作，释放个人价值；不断为企业创造成果，让企业可信赖。而这一切，都离不开学习，离开了学习，一个人很难达到以上所说的优秀标准。

李秀涛说，作为业务团队的我们，也需要持久的学习力，要有适合自己发展的愿景、使命和价值观，要能够接纳新的事物，迎接挑战，不断创造、创新。要围绕着自身的优势，不断打造自己的竞争力。要能根据市场需要，研究适合自身发展的产品，将之专业化，并进行全球推广。要站在客户的角度，以客户为中心，不断提高客户服务能力，匹配客户需求，为客户创造价值，以实现项目的续单和转介绍。

在此，李秀涛比较谦虚地说要毛遂自荐叙述一下自己在鑫光正这个平台上的学习和成长经历，以下为其自述内容：

我于2004年10月入职，用了3个月的时间学习了AutoCAD钢结构图纸细化，薪资从600元/月提至1200元/月；2006年自学了PKPM钢结构设计软件，同年，薪资达到2100元/月，记得当时有人说这辈子能挣到1500元/月就心满意足了，那时心中真是充满了优越感。2007年完成鑫光正钢结构一厂的设计，并跟随现场施工6个月，对钢结构设计有了更加充分的认知。同年，用Excel自编了钢结构快速预算小程序，提高了工作效率，曾在2个小时内完成山海科技项目报价并签订合同。2008年加入国际业务团队，为提高成交率，自学了草图大师效果图软件，并在同辉汽车项目上进行了运用，成功签订合同。2009年继续深造PKPM设计，研究PKPM最新解密版本，学习了重型桁架结构设计，并在南非厂房项目进行了运用，项目成交。2010年开始尝试Tekla细化软件的学习，因找不到方法中途放弃，后来在网络上向大师求教，效果显著，从此运用CAD和Tekla结合细化，效率和准确率得到明显提高，那年薪资达到4800元/月。2012年下半年，在领导的提拔下来到管理岗位，开始学习团队管理。2014年团队业绩实现亿元目标，个人薪资也翻了番。2016年打造新的团队，同年开始学习英语，学习国际业务操作，成交了澳大利亚项目，并有多个意向客户。2017年有幸成为了平台上的创业者，建立了环球公司，至今已拥有两个事业部。

李秀涛说，这就是其个人在鑫光正的成长经历，其中学习的许多技能在鑫光正都是第一人，"光正十二论"中的论信仰、论梦想、论资产、论价值、论智慧、论耐力、论业绩、论执行、论学习在这里都能得到较好的体现，希望以其个人经历可以帮助其他同事认知努力学习和个人积极追求进步的现实意义。

赵志刚认为，个人只有不断地学习才能有进步，只有不断地进步才能跟上企业发展的节奏。他说，在当今社会，鑫光正也在飞快地发展，如果你不好好地学习，就有可能跟不上公司的步伐，就有可能掉队。作为集团公司的高层管理者，他认为自己更要多学习以提升能力，从而可以更好地与公司"同频共振"，并为公司未来的发展发挥自身最大的价值。

作为工程公司的负责人，项目全面管控的学习是其首要任务。赵志刚说，目前工程公司推进业务要挂大、靠大，要与国内一些大企业、大公司进行合作，这就要求我们必须通过学习来提升匹配未来合作对象的能力跟实力，为此要加强员工的培训、学习和考核，拓展学习提升的方式和方法，全面提高员工的学习主动性及自我提升、自我成长的能力，提升业务人员、子公司负责人的专业知识及管控能力，打造人证合一的体系。员工们也深知，只有通过不断地学习，不断地提升自身的价值，才能更好地服务客户，为公司创造更大的价值，使自己获得更多的收益。基于这种认知，每个人的学习意愿都是很强烈的，2020 年参加二级建造师考试的员工就有 18 人，这也反映了员工们积极学习的行动力。

谈及公司的学习情况，孙云霞说，2015 年是鑫光正发展进程中最为浓墨重彩的一年，在这一年中，公司花费巨资为员工们打造了一个全方位的学习机会，有计划、有步骤地进行了教导模式培训、全员共赢培训、六星级心态培训等全封闭学习。这一系列的培养和学习使公司全员从思想上、价值观上、行为上达到了高度统一，从系统上向全员诠释了家庭化、事业化、学校化、军事化、职业化的内涵，使整个公司呈现了上下同欲、积极向上的状态，为整个集团的跨越式发展打下了极为坚实的基础。

为了实现培训的常态化，维持鑫光正内部崇尚学习的良好氛围，公司为此设立了光正大讲堂，每年都会选取骨干精英对员工进行岗位培训，借此全面提升员工们的理论水平和实战技能。员工学习意愿强烈，很多人主动考取了各类职业资格证书，而这也已经成为公司的一种风尚。

尹增竹认为，唯有持续不断地学习才是企业最核心的竞争力。尹增竹自2005年入职以来，在鑫光正的平台上就开始了不断地学习。刚加入公司时做图纸细化，做预算；后面通过学习，能够做设计；再后来学习国际业务和英语，由技术员转为业务员，并最终成立了业务团队。尹增竹通过不断学习，提高了自身价值，而鑫光正也提供了这样的平台，可以让我们把努力所学的知识、文化进行实践和运用，从而使个人成长、团队进步、全员受益。

关于学习，尹增竹还提出了自己的一些观点，诸如：学以致用，用以返学。学与用之间，还有思考，学而不思则罔，思而不学则殆。学习、应用、实践要与思考、反省、总结相辅相成。理论联系实际，实践检验理论，在实事求是的基础上，要不断循环验证，推陈出新。一学做人，二学技能，三学服务，四学管理。在所有的学习中，学做人为首，如何做人，这是价值观、人生观的问题，价值观指导人的行为，并决定了最终结果。懂得做人，我们才能更好地理解和贯彻公司文化，真正领悟造福社会、成就员工、让客户更幸福、让企业更持久的企业使命。才能真正明白客户就是我们的衣食父母，才会发自内心地敬畏客户，用心服务客户，让客户更幸福。我们相信日学、周学、月学，是我们不断提升的法宝。学习是我们成功的必由之路，所以一定要把学习进行到底。

除了对自己的学习提出明确的要求以外，尹增竹还在自己的部门里积极响应公司号召，提倡"真文化、真践行"，从做人入手，引导大家努力学习，提高专业度，提高业务能力，不断完善自己。其部门的员工学习势头高涨，个人能力提升明显，特别是新入职的员工，进步特别显著，因此，2019 年其部门业绩比 2018 年有了大幅度提高，2020 年其部门业绩又比 2019 年有了大幅度提高，达到了 4000 万元，并完成了年度目标。尹增竹认为，这就是学习所带来的力量，也是学习以后所能产生的效益。

张明明认为，鑫光正是一家学习能力超棒的公司，从公司董事长到一线员工都有强烈的学习意识。张明明说，董事长孙炯光先生常年保持着一个非常有意思的习惯，他每次参加考试都会把他考试现场的照片和成绩在集团内公布，张明明认为这是一位学习型领导者所具备的特有气质，他所要表达的意思是：我不仅自己学习，还要作为榜样带动所有员工共同进步。在这样一位喜欢学习的领导面前工作，很容易就能燃起你学习的愿望。

沈承国认为，今天最好的表现就是明天的最低要求，只有持续学习，永不懈怠，不断迎接挑战，才是不断进步的唯一通道。在信息和科技跨越式发展的今天，学习的速度明显跟不上知识更新的速度，所以我们不能因为取得些微小的成绩就洋洋得意，自命不凡，更不能故步自封，夜郎自大。我们只有坚持不懈、快速地学习，才能踏上社会发展的洪流，在"不知道不知道，知道不知道，知道知道，不知道知道"这四个学习层次中不断进步。

关于学习而后助人成长的事情，沈承国举了一个小例子：在 2013 年的一次公司非正式会议上，有人现场做了一个调研，请坚持每天学习不少于一个小时的人举手，结果有一个技术人员举手了。这个技术员每天坚持学习专业一小时，后来他成了技术总工，成了青岛装配式领域专家组成员。从这个案例中可以看出用心学习、坚持学习对于个人成长和进步多么重要。

孙洪亮认为，人如果不学习，那么生命就会像荒凉的戈壁一样，没有希望。孙洪亮说，在飞速发展的 21 世纪里，唯有不断地学习，才是提升自己的法宝；唯有学以致用，才能走出跟上时代的步伐；唯有用心学习和领会"光正十二论"，才能跟随鑫光正的步伐去追求个人的成功。学做人、学技能、学服务、学管理，将学习进行到底，只有这样才能打造最核心的竞争力。孙洪亮回忆道，一开始从职能部门转到生产部门，让他感觉有很多专业知识存在不足，但是为了建立起特钢事业部的品牌，他深知必须要不断地学习、钻研、突破、尝试和改进。最终，通过不断的努力，孙洪亮还是取得了很多好的成绩，比如鑫光正第一座自制过街天桥（鳌山卫桥梁）、鑫光正第一座自制出口桥梁（斐济桥梁）、鑫光正第一个出口体育场管行架（伊拉克体育场）、鑫光正第一次出口日本精细化产品项目（日本无土栽培架）等。这些工程的突破，一方面提高了鑫光正的品牌竞争力，另一方面也助力了鑫光正全产业链项目的拓展，而它们都是借助强大的学习力量所打造的产物。

七、理解和感悟

企业家要学习，企业家不学习就无法跟上时代的变化，就不能有效地调整自己的管理思维，就不能从根本上解决企业管理过程中随时出现的各类问题。

企业家如果不学习，就有可能与环境脱节，就有可能做出错误的判断，就有可能给企业带来巨大的风险和挑战。在当今快速发展的社会中，企业经营有时候就如同逆水行舟一般，不进则退，所以企业家们如果懈怠于学习和思考，就有可能让企业这艘船在前进的过程中覆水而灭。

分析那些成功的企业家们你就可以发现，几乎没有一个人是不重视学习的，可以说，学习能力是一个企业家所具备的各种能力中最为重要的一个，有了这个能力，其他的能力就可以培养出来。强如"股神"巴菲特，每天还在不断地学习，而且也正是学习的力量帮助他走上了成功之路。巴菲特的好朋友芒格先生曾经说过："如果巴菲特不是一个学习的机器，他就不可能会有现在的成就，同样的例子，也能在民间看到，我总是能看到，在茫茫人海中，有人脱颖而出，他们并不聪明，也不算最勤奋，但他们是学习机器，他们第二天醒来，总比前一晚聪明一点点，你只有养成了爱学习的习惯之后，才能不断地进步。"

除了企业家要学习以外，企业员工更要学习，企业员工如果不学习就跟不上企业家的节奏，就无法帮助企业家把决策变成现实，个人就无法获得成长的机会，也可不能获得更多的收益。

企业在成长的过程中，员工一定要随着企业家一起不断地扩大格局，共同开阔视野并且掌握先进的理念与方法，为此他们就必须全方位学习，系统化学习，时时学习，事事学习，让学习无处不在，让能力随时都在提升。

什么样的学习才是最好的学习呢？这个问题没有标准答案，但是曾子做过一个系统化的描述，可供我们参考，他说：

大学之道，在明明德，在亲民，在止于至善。知止而后有定，定而后能静，静而后能安，安而后能虑，虑而后能得。物有本末，事有终始，知所先后，则近道矣。

古之欲明明德于天下者，先治其国，欲治其国者，先齐其家；欲齐其家者，先修其身；欲修其身者，先正其心；欲正其心者，先诚其意；欲诚其意者，先致其知，致知在格物。物格而后知至，知至而后意诚，意诚而后心正，心正而后身修，身修而后家齐，家齐而后国治，国治而后天下平。自天子以至于庶人，壹是皆以修身为本。其本乱而末治者，否矣。其所厚者薄，而其所薄者厚，未之有也。此谓知本，此谓知之至也。

明明德而知如何做人，在亲民而不断创新，把追求至善作为最高目标，然后循着格物、致知、诚意、正心、修身、齐家、治国、平天下的逻辑顺序走下去，如此"三纲八目"就是最好的学习指南。这一学习指南不仅说清楚了为什么要学习，而且给出了具体的学习路径，同时其中还暗含着学习的方法和要义，如此宝贵的智慧是我们每一个中国人都可以继承的精神财产，有了它们作为指导，无论是个人还是企业都可以学有所成，谋立个人事业，造福天下苍生。

论学习充满中国式的智慧，而作为中国人无疑是幸运的，几千年的历史文化给予了我们太多的传承，让我们随时可以找到照亮前行道路的明灯。

第十二章

论管理高压线

一、论管理高压线的内容

"光正十二论"之"论管理高压线"的内容如下：

管理高压线，是我们的价值观不能容忍的行为底线。

撒谎、造假、贪污、腐败、出卖企业利益是我们的管理高压线，公司不是滋生这类行为的温床，我们这个团队也不能容忍这类行为的发生，更不允许有这类行为的人存在于企业。

二、何为管理高压线

孙炯光董事长认为，企业管理的高压线就是企业管理的底线，其要求是不能做与企业价值观相违背的事情。具体描述如下：一个员工应该做的事情不做，就触及了管理高压线；一个人才老是去做不应该做的事情，这也触及了管理高压线；有的员工为了谋取个人的私利，不惜损害同事们的利益，甚至出卖企业的利益，更是严重冲撞了企业管理的底线。无论是触及企业管理的底线，还是冲撞企业管理的高压线，这样的员工肯定与企业不在同一个发展频段上。对于和企业不同频的人，企业必须将之"请出去"，如此才能够确保员工队伍的净化，才能确保命令通达并使企业基业长青。

害群之马到处有，而清除它们的最好办法是构建不会滋养其的环境，这包括建立对"良马"的善待平台以及培养对"害马"的零容忍文化，两者缺一不可。

三、触碰管理高压线的表现

作为一个有宽容心的企业决策者和企业高管团队，在管理员工的时候，可以容忍他们的能力不足，因为能力不足可以想办法去补足，但是却不能容忍员工撒谎，撒谎是员工触碰管理高压线的首要表现形式。

孙炯光董事认为，撒谎不仅是一个道德问题，而且是一个效率问题。一个员工在撒谎的时候往往表现为工作效率低下，而且会拖累其他同事跟着他一起浪费时间。有人撒谎了，如果你不去求证它，那么它可能会让企业利益受损，有可能破坏企业在客户心中的形象，有可能妨碍企业项目的进展等；而如果你去求证它，公司就要花时间、花人力、花财力、花物力等，为此很可能造成巨大的浪费。

如果撒谎多数是口头上的不当行为，那么造假就是多数表现在实践中的不良行为，它对于企业的危害更大，不仅会影响企业的执行力，而且还有可能波及企业的声誉以及企业的整体工作效率。对于这样的行为一如对待撒谎一样，需要及时识别，并要采取严厉的惩罚措施给予制止。

贪污和腐败比起造假更为不堪，同样需要企业采取零容忍的态度。此外，员工或者管理人员贪污的行为不仅表现在贪取原本不属于自己的东西上，而且还表现在不愿意分享方面。孙炯光董事长举了一个例子，即一个人被企业送出去学习但不乐于分享其所学习的内容，或者一个人在企业平台上有所创造，但却不愿意分享自己由此而获得的感悟、技术与经验，如此行径同样不能够被提倡。

四、正确认知企业管理高压线

企业管理高压线是企业经营管理的底线，其存在的意义不是用来伤害员工，而是用于培养员工、引导员工、保护员工，使员工少犯错误或者不犯错误，从而有机会能够与企业共同成长和进步。

关于这一个思想，我们可以参考《史记》中的一个描述，在其"八书"之《礼书》中有过这样的分析：

礼由人起。人生有欲，欲而不得则不能无忿，忿而无度量则争，争则乱。先王恶其乱，故制礼义以养人之欲，给人之求，使欲不穷于物，物不屈于欲，二者相待而长，是礼之所起也。故礼者养也。

这段话的意思是：礼是由人产生的。人生而有欲望，欲望达不到则不可能没有怨愤，怨愤而不止就可能会产生争斗，争斗就会引发祸乱。古代帝王厌恶祸乱，所以才制定礼义来适度满足人的欲望和需求，使欲望不致因物不足而受抑制，物也不致因欲望太大而枯竭，物、欲两者相得而长，这样礼就产生了。所以，礼就是养的意思。

太史公由此得出的结论是，礼就是养；因为这里的礼相当于制度，于是我们可以由此推导出另外一个论断，即制度是用来养人的，而不是用来害人的；

又因为管理高压线的表征或者代表就是制度，所以可以将这一论断中的制度替换为管理高压线，则企业管理高压线是用于培养和保护员工的，而不是用于压榨或者控制员工。

企业存在的目的是为了赚取利润，员工在企业工作的目的是为了获得收益，两者之间在本质上的追求是一致的，并不矛盾，所以企业没有必要去剥夺员工的自由。在以上译文中呈现出四个关键词，即欲望、怨愤、争斗和祸乱。之所以会出现这些不利于组织发展的状态，究其原因就在于没有规矩，缺少了秩序。而管理高压线就是维护企业秩序，建立企业规矩的一个有机组成部分。

当员工们想明白这一点时，他们也就能够正确地认知企业管理高压线的存在价值，而不会再去抵制它。

五、远离管理高压线

企业之所以会提出管理高压线，就是为了保护员工不犯错误，而员工是否可以不犯错误，还要看员工对于这个问题的认知程度。如果员工能够正确地理解公司设置管理高压线的目的，他们就会自动远离管理高压线，走正道，做好人，规范地做事情。如果员工不能正确地理解企业为什么会有管理高压线，一定要顶风上，明知故犯，或者动歪心思，钻空子，那么这样的员工也就没有必要再继续留在企业。因为一旦失去了与企业同频的机会，他也就不可能再与企业一同进步。下面看一看鑫光正的员工们是如何看待这个问题的。

展飞认为，"千里之堤溃于蚁穴"，所以在企业管理方面一定要守住原则和底线。展飞说，但凡我们发现损害公司利益和贪污腐败的情况，必须第一时间进行制止，必须严肃地进行处理。我们绝对不能让一个小的漏洞，毁掉我们花费大力气才建立起的庞大基业。所以，在鑫光正一定要坚决杜绝挑战我们底线情况的发生。

展飞说，我们在日常与供应商进行谈判的过程中，往往会出现各类可能导致腐败的问题，当供应商想要对我们行贿时，我们的回答都是：我们所要求的就是物美价廉，给我们最低价就可以，不需要使用那些小手段。与企业共同打拼了那么多年，我们深知企业不是某一个人的，而是我们这个大家庭的，我们没有理由去做损害我们自己利益的事情，同时也会杜绝同类事情的发生。因为一旦有了第一次的底线突破，后面就会有无数次，而这种事情多了，就会把我们的企业拖垮。

卢杰认为，管理高压线就是底线和红线，人要有敬畏之心，所以不能触碰底线，也不要去踩红线，否则就会将美好的结果毁于一旦。撒谎、造假、贪污、腐败、出卖企业利益，这些都是违背诚信的行为，有这些行为的人就违背了利他意识，违背了品牌要求，一旦出现这种风气，就没有真相可言，就会出现欺上瞒下和不作为的行为，就会相互推诿，这些都是企业里的定时炸弹，所以我们绝对不能容忍这类行为的发生，更不允许有这类行为的人存在于企业。

李秀涛认为，管理高压线也是一把双刃剑，它不但能伤害企业，更会伤害员工自己，轻者使其丧失个人信誉，重者身败名裂。李秀涛说，要保证员工不碰触高压线，从员工入职时就要进行培训，让员工深刻地学习和了解企业文化，认真学习企业的各项规章制度，知道什么能做，什么不能做。在工作过程中，管理者要保护好员工，遇到高压线问题，要及时给予指正，引导员工做出正确决策，不要让企业、员工双双受到伤害。如果员工一意孤行，为了既得利益触碰了底线，企业就必须要做出严厉惩戒，让员工真正地认识到触碰高压线的严重性，从而在心里产生敬畏感。

李秀涛举了这样一个案例：2019 年上半年，业务经理 Jack 说，苏美达客户有个项目非常紧急，急着要项目设计方案，但是我们技术人员手中的任务非常满，安排不开，客户要自掏腰包付费给技术人员，以让技术人员帮他完成方案。李秀涛和团队成员交流之后认为，客户都要自掏腰包了，那肯定是非常着急的，所以一定要想办法帮他完成，但是这个钱是绝对不能要的，因为这是高压线问题，绝对不能触碰。最后，通过内部工作协调，团队在合理的时间内把项目方案交给了客户，客户也对他们所做的努力表达了真诚的感谢。

就在笔者对李秀涛进行采访的时候，他们正与苏美达公司签订几内亚的一个项目合同，针对这个项目，虽然他们的价格比同行要高一点，但是客户依然还是选择了他们作为最终供货商。相信这里面肯定包含了客户对他们先前行为的认可和对他们工作的肯定，也可以说那是客户对他们的一个考验，而他们经受住了这个考验。

赵志刚同样认为，管理高压线就是公司的管理红线，也是企业管理的底线。赵志刚说，任何伤害公司利益，损害公司名誉的事情我们都不能容忍，更不能让这样的事情发生。我们要跟公司"同频共振"，推行并践行"真文化"，加强公司管理人员的廉政建设，打造公司正能量，形成公司良好风气。

工程公司的具体做法是：管控每个在建项目的安全、质量和工期进展，采取不定期巡检的方式以确保可以发现问题并及时予以解决。对于工程质量要求一次性做对，为此把现场施工管理人员定为管控质量的第一责任人，并且严禁施工人员与外部施工队伍同吃同住，更不允许施工人员与他们私下接触，从而导致现场施工管理不到位的事情发生。

孙云霞认为，项目经理在操作业务的过程中，或多或少都会遇到金钱和物质的诱惑，如果一个人控制不了自己的贪欲，没有底线思维，那么就有可能会犯错，而在这个方面犯错误的人很难做成大事，甚至会失去做事的资格。因为所有的思想和行为一旦被一己之私所控制时，就会失去做事的原则，就会破坏自己的认知格局与行为导向，最后必然会损害公司的利益，从而失去他人的信任。一个得不到领导和员工信任的人，还怎么可能再担当重任。

尹增竹认为，管理高压线的作用不在于减少员工的自由，而是要用来纯洁我们的队伍。它既是指导我们行为的准则，也是铁的纪律，更是企业可以持久经营的保障。正如中国人民解放军的"三大纪律、八项注意"一样，只有在它的指导下，才能打造出得到人民支持和拥护的"铁军"，才能取得最终的胜利。而不撒谎、不造假、不贪、不腐、不为私利而出卖企业利益，就是我们铁的纪律，有了它们作为支撑，我们才能有强大的战斗力。

对此，尹增竹举了一个发生在自己身上的例子：有一次做一个项目的细化时，因为注意力不到位，所以把吊车梁上一块板的厚度由 12mm 错报成了 24mm，幸好在后来的自检时发现了这个问题，于是尹增竹便主动地把错误上报给了公司和客户，并在公司大会上做了检讨。实际上，这个小小的错误丝毫不会对建筑产生不利影响，如果自己不主动提出，也很难有人注意。但是如果隐瞒不报，这个事情就不会对自己产生深刻的警示作用，而且还会成为以后工作中的包袱和心理压力，使自己再也无法做到襟怀坦荡。守住底线，不触碰管理高压线就可以让人襟怀坦荡，这种感觉就如同自由一样非常宝贵，是任何事情都不能与之交换的。

韩守强认为，管理高压线不仅不能触碰，而且还应该采取措施主动避免。韩守强在任采购部长时，感觉采购部是所有公司中较为敏感也是工作十分繁重的部门，要同时面对销售、技术、生产等多个单位。韩守强在采购部工作了近两年时间，首创了一个制度，即在每年的第一季度对公司全品类采购单价进行全面公开和公示，以此进行价格透明化管理。此外，他还建立了采购价格成本管控群，将采购中最隐秘的东西放在阳光下，让公司内部全员都可以对采购工作进行监督，都能推荐价格合适、质量可靠的供应商，并使公司外部比现有物料质更优价更廉的供应商想入门鑫光正采购体系时也有了参照标准。如此主动作为，自然可以避免很多被动事件的发生，而如此做法就是主动避免触碰管理高压线的聪明之举。

张明明认为，或许是因为受到了"光正十二论"的正向影响，鑫光正的老员工之间都有一种默契，即人与人之间都可以坦诚相待，而不会耍什么阴谋，使什么诡计，彼此之间更不会撒谎和欺骗。除此之外，如果有什么矛盾也会让它爆发在当下，他们的态度就是："我有什么事儿都说在面上，而且只对事儿不对人。"久之张明明也学会了这种坦荡，张明明说："我作为技术部门的负责人，面对业务经理的各种问题是家常便饭，于是经常有人会问，你媳妇是业务经理，而且她的成交业绩那么好，是不是你开小灶了？每当这个时候我都会用统一的一句话进行回应，我跟她在家里从来不谈工作上的事情，在公司有技术服务项目我也不会直接经手，都是由技术人员统一服务，而我只是负责解答各种问题而已。事后我都会想，之所以会出现这样的问题，一定是个别人有私心，可是有这私心何益，你只管用心做业务，我只管尽我所能来解答你们的问题，搞那些歪门邪道或者老是揣摩别人在搞歪门邪道能有什么价值。"

谈及对于触碰管理高压线的处理，沈承国举了一个例子：2011 年他刚调入采购部时，一名具有 10 年工龄的采购员为了自身利益，做出了联合供应商以次充好的事情。沈承国在处理这一问题时，认真地讲解了公司的做事原则，描述了管理高压线的认定，以及设置这样一条高压线对于企业和供应商长期合作的作用，这使得供应商总经理羞愧难当，坦白摊牌，知错认罚，而涉事员工则被辞退。沈承国说，我们一定要坚守自己的价值观，对于触碰管理高压线的行为一定要做到零容忍。

孙洪亮认为，任何一家企业都有自己的管理高压线，而鑫光正当然也不例外。孙洪亮说："我们的企业痛斥撒谎、造假、贪污、出卖企业利益等行为，这其实就是在保护员工。一个人想要长期在企业里生存下去，一定要做一个有道德底线的人，否则他就只能被辞退，而且很难找到下家，从而没有容身之处。"

六、理解和感悟

人一旦撒谎，就失去了诚实。失去了诚实，自然就没有了诚信。没有了诚信，就会失去被他人信任的机会。当没有人信任你时，你还怎么与他人合作，去追求成功呢？

俞敏洪曾经说过一句话，即情商高的人，其集中的表现就是被他人所信任，而不是他有多么会说话，也不是他有多么会办事。

为了不让自己撒谎，为了不让人感觉你不诚实，为了确保他人信任你，你就要做到自律，要有底线思维，要严格要求自己。只有严格要求自己，才能形成警惕心理，才能少犯错误。

如果犯了错误，第一时间不是想办法去改正错误，而是想办法掩盖错误，那么你就可能会犯更大的错误。好比一个人如果撒了一次谎，以后就要撒更多的谎进行掩饰，久之撒谎便成为了习惯，你就再也无法做回正直诚实的人了，你的前途也可能就会葬送在这个习惯上。

所以，不以善小而不为，不以恶小而为之，这是一个质朴的道理，也是一个管用的道理。

撒谎不行，造假也不行。在企业内部造假不行，在企业外部造假也不行。造假往往是与欺骗联系在一起的，而没有人喜欢被欺骗。

辛巴在直播间里卖假货，用饮料充当燕窝，大赚了一笔，结果是什么？那可不是一句道歉就能平息的，三倍退款也不行，这是弄虚作假，这是有意欺骗，这是违法犯罪，所以他被立案调查了。

过去常讲一句话，即"有则改之，无则加勉"。但有些错误是不能犯的，一旦你犯了那样的错误，就没有人会给你改正的机会，你可能就此万劫不复。

所以，一家企业如果明确界定其管理高压线是什么，那不是在伤害员工，而是在保护员工，是在提醒员工不要去犯那万劫不复的错误，从而回不了头。

在第十章论执行中，我们曾经提出过八个字的管理智慧，即"明罚于前，重奖于后"。明罚于前就是在提示企业员工们要十分清楚哪些事情是不能做的，哪些事情又必须要做好。没有规矩不成方圆，有了规矩不执行也不成方圆，明知规矩在那里非要去违反，那就是不智的行为，小的损失利益，大的可能入狱。

有人针对贪污和腐败的行为做过分析，认为不管多大的公司，都很难完全扼制它们的出现。职位低的权力小的与职位高的权力大的相比只不过是数额大小不同而已。为此就要警钟长鸣，就要常抓不懈，就要采取零容忍的态度，才能确保企业健康稳健地成长。

贪污和腐败的行为往往与出卖企业利益相关联，所以没有哪一家企业对此可以容忍，也没有任何一家企业可以对此进行姑息。姑息就会养奸，这是必然的道理。

如果想要彻底消除贪污和腐败，首先必须铲除的是滋生它们的土壤，当整个社会都不会姑息这种行为的时候，这种行为才真得可能会消失。

在此之前，首先要重归由信仰和道德主导人们生活的时代，而不能再以金钱作为这个社会的主导。当下要做的事情，是纠正人们业已形成的以金钱判断成功的标准。

如果只是以金钱作为判断个人成功的标准，或者过多地看重金钱在衡量社会进步时的作用，那么贪污和腐败的行为就不可杜绝，而且会带坏更多的年轻人。

任正非曾经在一个演讲中讲道："什么都失去了，只要人才还在，我们就依然能够成功。"借用他这句话我们想说：什么事情都可以做，什么事情都可以尝试，只要底线思维在，我们就不会犯大的错误，而只要不犯大的错误又能追求进步，我们就离成功不会太远。